fausto carotenuto

I0118367

cos'è il karma?

impariamo a conoscerlo per cogliere tante opportunità nella vita di tutti i giorni; cos'è la reincarnazione?

Collana Il Sole e la Colomba

IL TERNARIO

Indice

ma in effetti questo "karma" che cosa è?

Parola misteriosa, evocata per tanti motivi, non sempre chiari... Il suo senso risulta quasi inafferrabile nel modo in cui se ne sente parlare in genere.

Un termine che affascina molti di noi occidentali, ma che ne respinge forse ancora di più. Sembra faccia parte solamente della tradizione orientale. Che sia un qualcosa di non nostro che abbiamo importato dall'India, o dal Tibet, insieme al buddismo, all'incenso, alle melodie del sitar, alla meditazione, allo yoga, alle sete colorate...

E succede che, tra quelli che sono affascinati dal nuovo, c'è chi si serve volentieri del suono esotico di questa parola... anche se talvolta in modo superficiale e un po' confuso. Mentre chi per qualche motivo non vuole mettere in discussione le proprie antiche certezze, fatica molto ad accettare una parola così nuova e "aliena", che si porta dietro strani significati poco o nulla familiari... Da un mondo che poi non è nemmeno il nostro...

In effetti si comincia ad afferrare cos'è il karma, e quanto è importante nella nostra esistenza quotidiana, solamente quando si esce dal modo di vedere più diffuso nella nostra società: quello di considerare tutto quello che esiste come fatto solamente di materia e tutto quello che avviene come frutto del caso.

Il karma ha a che fare con un modo completamente diverso di considerare la realtà, basato su elementi differenti:

- *non siamo fatti solo di materia, ma anche di spirito[1];*
- *dietro al mondo fisico c'è un fratello maggiore, il mondo spirituale;*
- *tutto quello che accade ha un senso preciso e positivo nei disegni divini che riguardano noi uomini e tutto l'universo.[2]*

---

[1] Vedi il libro " Corpo, Anima, Spirito" dello stesso autore, Edizioni Il Ternario, marzo 2005.
[2] Questi temi sono maggiormente approfonditi nel libro "La vita ha un senso profondo e positivo" Edizioni Il Ternario, febbraio 2005.

Se questo modo diverso di intendere le cose non è penetrato abbastanza profondamente dentro di noi, nella nostra coscienza e nel nostro modo di vivere, il karma rimarrà comunque un qualcosa di estraneo. Non basta che lo abbiamo solo "capito" con la mente... o che ne usiamo la parola perché *in certi ambienti* è di moda.

Le stesse, identiche considerazioni valgono per la "reincarnazione". Anche qui la nostra cultura fa una grande fatica ad accettarne l'idea.

Ma non c'è da sorprendersi! Né il karma né la reincarnazione si vedono o si toccano con i sensi fisici, e quindi chi lo dice che esistono? E' solo quando non ci basta più quello che i sensi fisici ci comunicano, che cerchiamo altre realtà, più significative.

Karma e materialismo non vanno d'accordo. Il karma è una base fondamentale della visione *spirituale* dell'esistenza.

Bisogna poi dire che i contenuti del karma e della reincarnazione erano già presenti nelle antiche tradizioni occidentali, anche se questo fatto è poco noto. Qualche secolo dopo Cristo se ne è generalmente persa la coscienza, tranne che per alcuni gruppi ristretti che hanno continuato a coltivare, spesso nel segreto, le antiche conoscenze. Mentre in oriente karma e reincarnazione sono concetti che hanno mantenuto un'ampia diffusione. Negli ultimi due secoli i contatti tra le due culture si sono molto accresciuti, favorendo il graduale riemergere di queste antiche convinzioni nella nostra cultura.

Cerchiamo ora di capire meglio che cosa è il karma e che senso ha per noi, in pratica.
Allora diciamo semplicemente che

*il karma è come funziona
il nostro cammino di sviluppo.*

Questo cammino è regolato da certe modalità precise, stabilite dal mondo spirituale... La *reincarnazione* è una delle modalità principali.

Voler approfondire il karma significa chiedersi: ma come funziona tutta questa storia della nostra vita e del nostro cammino?

un meccanismo complesso

E' un meccanismo piuttosto complesso quello del karma. Regola come funziona la nostra crescita, la nostra evoluzione. E quindi le connessioni tra la vita attuale, il passato ed il futuro... E poi la trama di tutti i rapporti con le persone e gli altri esseri intorno a noi, di tutti i fili, visibili ed invisibili, ai quali siamo collegati...

E' un meccanismo che ci segue sempre, per tutta l'evoluzione terrestre, quando siamo in vita e quando siamo nel mondo spirituale. Il karma è al di là della morte.

E' un percorso che siamo costretti in qualche modo a seguire... fino a scoprire che è la via maestra della nostra libertà.

Il mondo spirituale lo ha organizzato per noi così come un papà ed una mamma predispongono un amoroso percorso educativo per i loro figli, anche se i bambini sono troppo piccoli per capirlo. Quando poi diventano grandi, se il lavoro fatto dai genitori è stato saggio ed efficace, e loro sono ormai sufficientemente maturi, capiranno una cosa importante: tutto lo sforzo dei genitori serviva a metterli nelle migliori condizioni per esprimersi liberamente e pienamente nella vita.

Questo è il concetto nuovo al quale possiamo fare riferimento nella nostra epoca: il karma non ci obbliga, non è una gabbia priva di uscite, fatta per punirci. E' invece una guida che gradualmente ci inserisce in un percorso nel quale siamo totalmente liberi di fare le nostre scelte.

Ma non corriamo e non diamo nulla per scontato: cerchiamo di capire come funziona.

Prima facciamo un accenno alla situazione nella quale ci troviamo.

la rete di reti

Guardiamo il disegno nella pagina seguente: una specie di galassia con il nostro io, quello di ognuno di noi, al centro. E poi tutta una serie di punti che rappresentano schematicamente quello che ci troviamo intorno nella vita: tante persone.. e poi alberi, animali, case, isole, il mare, i fiumi, le montagne, i pianeti, le stelle…

Noi con i nostri sensi, con il nostro modo normale di guardare, vediamo tutti gli esseri staccati gli uni dagli altri… L'albero davanti alla nostra casa è staccato da noi. Anche con il nostro gatto non vediamo alcun collegamento. Al nostro partner vogliamo molto bene, ma se non ci abbracciamo lo vediamo separato da noi. Se un amico è in un'altra città, o all'estero, per noi è ancora più staccato…

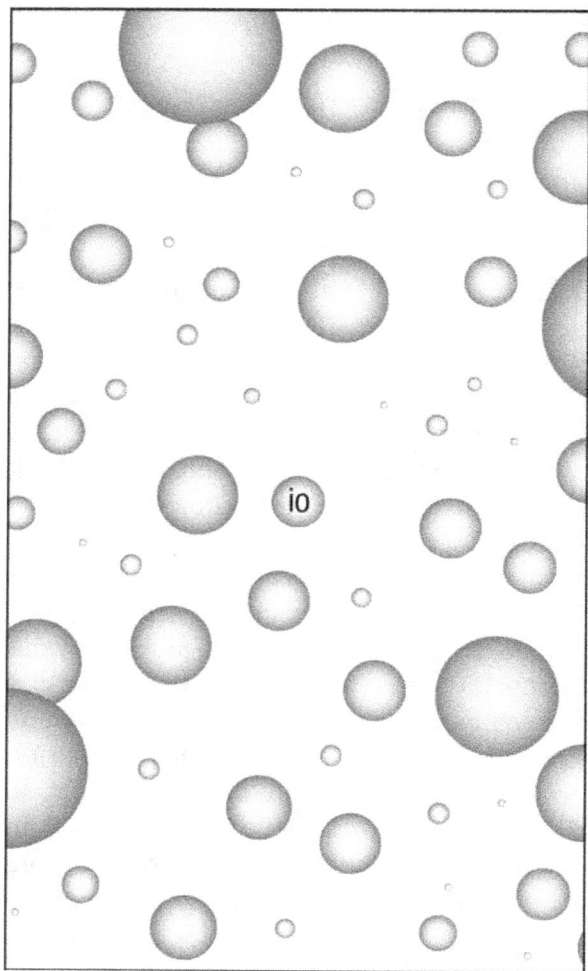

Ma le cose stanno proprio così come le vediamo? O c'è dell'altro di cui non ci rendiamo conto?

I grandi maestri spirituali dell'Umanità hanno sempre detto che c'è ben altro. Alla stessa conclusione è ormai arrivata anche la Scienza, che ha capito che in effetti le cose non stanno così come sembrano: non siamo per niente tutti staccati...

La Fisica, giunta sull'orlo del baratro ignoto oltre il quale le particelle visibili non spiegavano più nulla, ha sviluppato nuove teorie, come quelle di Fisica quantistica ed altre. E così facendo si è decisamente avviata verso vere e proprie visioni "mistiche". Si è ormai molto avvicinata a quello che le grandi tradizioni spirituali avevano sempre detto. E cioè che la materia di cui siamo fatti fa parte di una serie di dimensioni, in gran parte per noi invisibili, nelle quali i concetti di tempo e di spazio perdono concretezza.

In effetti pare sia proprio così: una serie di reti, una dentro l'altra, attraversa tutto l'universo e ne costituisce il tessuto, la struttura. Sono reti di materia fisica, di energie vitali, di sentimenti, di pensieri...che circolano, che avvolgono tutto il cosmo. Ogni essere nell'universo è un *punto di condensazione* di queste reti.

Qualche scienziato particolarmente intuitivo ha ormai compreso che, al di sotto della struttura atomica, dentro l'atomo, ci sono elementi che vanno ben oltre il nostro solito modo di considerare quello che ci circonda e la materia di cui siamo fatti. In dimensioni nelle quali tutto è connesso a tutto ciò che esiste, attraverso canali misteriosi che vanno al di là del tempo e dello spazio. Come dire che la materia che noi tocchiamo non è solida come ci sembra, e che è il frutto di dimensioni nelle quali tutto è connesso, compresente e contemporaneo.

Dal nostro normale punto di osservazione, attraverso i sensi fisici, *ci sembra* di stare sulla Terra, gli uni separati dagli altri, lontani dal Sole o dalla nebulosa di Orione. Ma in realtà questa è una visione illusoria, perché in una dimensione che è all'"interno" della nostra struttura materiale apparente, noi in effetti siamo anche lì, nel Sole, come dentro ad una stella lontanissima… Come dentro alle persone e agli esseri che ci circondano.

Non c'è che dire: belle intuizioni scientifiche di qualcosa che possiamo chiamare solamente "spirito"!

Le più profonde tradizioni spirituali hanno sempre avuto queste conoscenze. Alcuni grandi iniziati le hanno più volte vissute come esperienze dirette. Per loro, come per un angelo, non c'è distanza tra gli esseri del creato: si può usare l'"intuizione" - una specie di *porta dimensionale* di quelle descritte dalla fantascienza - e già si è dentro l'altra realtà, dentro l'altro essere. Anche dall'altra parte dell'universo, oppure in un'altra dimensione…

Sia le nuove frontiere della scienza che i messaggi di origine spirituale convergono ormai su questa realtà unica: noi siamo tutti strettamente collegati in vari modi a tutto il resto del cosmo. Ognuno di noi è un punto nodale, di fusione, di raccolta, di scambio, delle stesse "sostanze" che compongono le varie reti. Reti di materia subnucleare, di energie vitali, di sentimenti, di pensieri e di energie creative. Questi punti di condensazione delle varie reti sono tenuti insieme dai nostri "io". Da queste particelle di essenza divina che all'inizio dell'evoluzione si sono staccate dalla coscienza universale.

Considerando la realtà in questo modo, e quindi sia dal punto di vista spirituale che scientifico…. il disegno vero allora non è quello che mostra esseri separati come li percepiamo con i sensi fisici. Ma quello che c'è sotto – sia nel microscopico non visibile, che nello spirituale, a seconda dei punti di vista – dove esistono tantissimi canali di collegamento. Invisibili ma assolutamente reali.

Quello che segue è il disegno della rete reale, aldilà di quella apparente. Naturalmente i punti e le connessioni sono molti di più, un numero impossibile da riportare in un piccolo schema.

Le infinite connessioni ci collegano costantemente non solo agli esseri che abbiamo vicino, ma anche a quelli più lontani, dall'altra parte della Terra o del cosmo. E tutte queste entità sono a loro volta connesse tra di loro in miriadi di ulteriori collegamenti. E' tutta una enorme rete di reti nella quale siamo immersi.

I sensi fisici ci sono stati donati apposta perché non vedessimo questa rete! Questo è il paradosso che tutti viviamo: i sensi non ci sono stati dati per farci capire la realtà vera… ma in qualche modo per nascondercela: per farci vedere come "non stanno veramente le cose". Perché poi, per scoprire la realtà vera dietro quella apparente, potessimo sviluppare altre facoltà… superiori… divine.

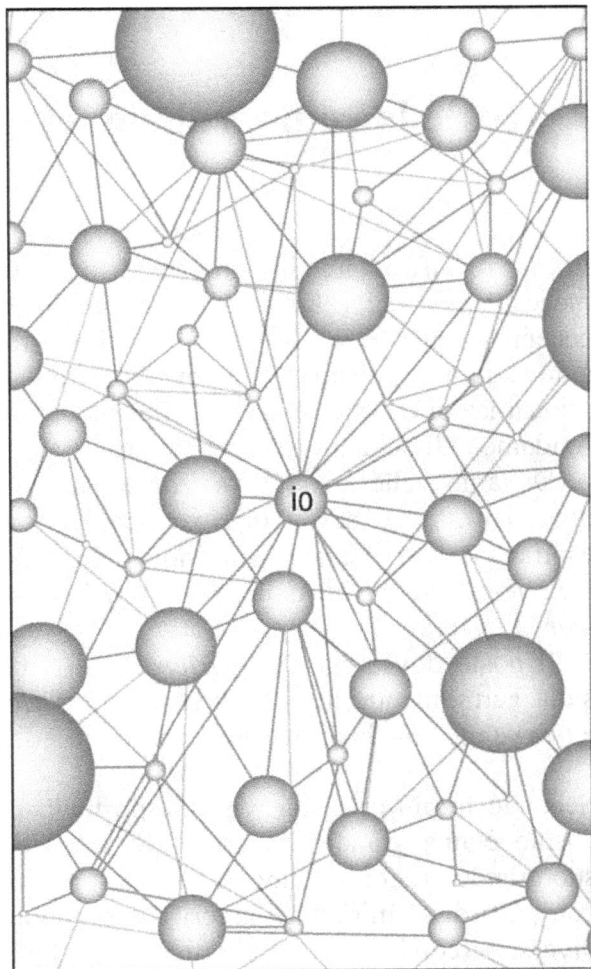

cos'è la reincarnazione?

Prima di affrontare il funzionamento del meccanismo del karma - e dopo aver accennato alla *rete di reti* - è necessario evidenziare alcuni elementi della reincarnazione, che è una delle modalità fondamentali della nostra evoluzione.

Diciamo che è *il nostro modo di procedere*, una sorta di inspirazione ed espirazione, *tra un posto dove fare le esperienze ed un altro dove consolidarle e trarne i frutti*.

Il posto dove *fare le esperienze* è la vita sulla Terra, mentre il posto dove *consolidarle e trarne i frutti* è la dimensione spirituale.

Secondo le più profonde visioni spirituali, il cosmo è una grande "fabbrica di dèi". Nel suo grande progetto d'amore, Dio ha formato con parti di sé miriadi di esseri che seguono diversi percorsi evolutivi, per diventare a loro volta esseri divini, dotati delle stesse caratteristiche del loro creatore.

Un percorso "da creature a creatori".

Questo cammino - almeno per quanto riguarda noi uomini, e nella lunga fase evolutiva che stiamo attraversando - avviene mediante un meccanismo molto preciso e molto ben fatto a nostro favore, il karma, che si svolge lungo *un percorso fatto di tante vite*.

E' un progetto importante e molto impegnativo, e una piccola vita non basterebbe assolutamente per portarlo a compimento. Una singola vita, anche la più ricca di stimoli e di esperienze, è sempre troppo corta e troppo parziale rispetto al grande risultato che il mondo divino si aspetta da noi.

Il disegno che segue riassume molto schematicamente[3] come funziona: la linea orizzontale rappresenta il confine immaginario che divide il mondo spirituale da quello terreno, fisico. Stiamo sotto durante

---

[3] Il disegno è per necessità troppo sintetico. La nostra evoluzione passa attraverso un grandissimo numero di vite, nelle quali non è detto che il procedere sia così lineare come viene descritto dalla serie di disegni che segue. Che hanno come unico scopo quello di indicare una modalità di funzionamento della reincarnazione.

l'esistenza terrena, e sopra prima e dopo la vita.

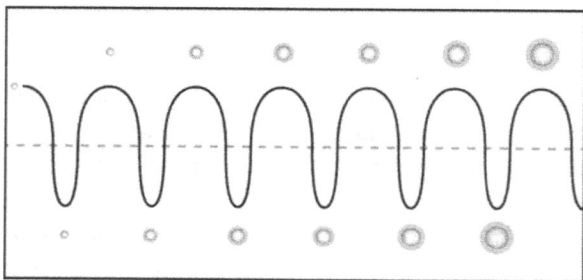

Il nostro processo di sviluppo, quello "da creatura a creatore", avviene più o meno in questo modo:

> scendiamo giù dal mondo spirituale per vivere sulla Terra, e facciamo le nostre esperienze... Poi terminiamo la vita, e torniamo nel mondo spirituale, per un certo arco di tempo, a riepilogare ed a trarre il frutto di tutte le esperienze fatte sulla Terra.. E poi ritorniamo giù.. e così via...

Se quando cominciamo siamo un piccolo puntino di coscienza (il primo puntino in alto a sinistra), sulla base delle esperienze fatte sulla Terra, se sono positive, acquisiamo delle facoltà maggiori. Queste le rappresentiamo come un alone semitrasparente intorno al puntino di coscienza. Quando ritorniamo nel mondo spirituale non portiamo con noi le nostre case, i nostri soldi, la nostra automobile o le nostre vacanze al mare, e nemmeno il nostro corpo… Ma solamente quello che di elevato, immortale, abbiamo prodotto dentro di noi amando ed agendo positivamente sulla Terra. Se non abbiamo fatto nulla del genere abbiamo "sprecato" una vita, ma se invece, almeno in piccola parte, qualcosa di buono abbiamo combinato, quello (l'alone semitrasparente) ci portiamo dietro oltre la porta della dimensione spirituale. E qui veniamo aiutati da esseri superiori a consolidare questo risultato ed a trasformarlo, attraverso un certo percorso, in vere e proprie parti nuove del nostro essere. Quando torniamo sulla Terra, il nostro essere si ritrova, rispetto alla vita precedente, cresciuto e trasformato in base alle esperienze precedenti. (L'alone è diventato parte di noi).

Quando andiamo nel mondo spirituale, attraversando la porta della morte, non abbiamo una coscienza granché più cresciuta… (il secondo puntino in alto da sinistra). Abbiamo quella che avevamo raggiunto sulla Terra un attimo prima di morire... né più né meno... Ed allora interviene il mondo spirituale a darci una mano. Perché il piccolo livello di coscienza raggiunto non consentirebbe di guardare nel mondo spirituale: una dimensione differente che richiede un capacità di vedere e capire, una *coscienza* ben più vasta..

Abbiamo tante volte sentito parlare o letto delle cosiddette "esperienze di premorte", sulle quali sono stati scritti libri di testimonianze molto interessanti. Sono spesso racconti di chi è tornato indietro rispetto da uno stato di coma, o da una situazione fortemente traumatica vicina alla morte. Molti di questi testimoni parlano di un tunnel in fondo al quale c'è una luce e ci sono degli esseri luminosi ad accoglierci. Si tratta spesso dei nostri cari che ci aspettano oltre la porta, per farci sentire a casa... Ma ci sono anche altri esseri più avanzati di noi, trai quali un essere che ci segue e si cura di noi per tutta la nostra evoluzione, quello che nella tradizione cristiana è chiamato Angelo Custode. Questi esseri superiori ci vengono intorno, ci circondano di quello che le testimonianze descrivono come una grande quantità di luce, e formano intorno a noi una specie di *corpo angelico*, dotato di "sensi" particolari, che mettono a nostra disposizione per guardare e capire il mondo spirituale.[4] Ci danno in prestito degli strumenti di coscienza che noi ancora non abbiamo sviluppato. (nel disegno l'alone luminoso esterno intorno al puntino di coscienza).

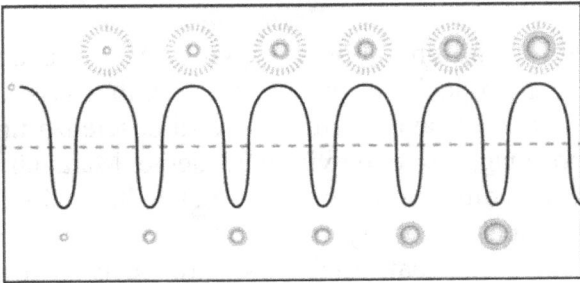

Si apre poi una lunga fase nella quale, con l'aiuto di queste accresciute facoltà, guardiamo indietro alla nostra vita terrena, siamo in grado di considerare obiettivamente quello che abbiamo combinato, e di trarne le lezioni necessarie. Una volta che ci siamo resi conto dei problemi che abbiamo creato,

---

[4] E' Rudolf Steiner a descrivere questo particolare *corpo*. Del quale possiamo usufruire solamente se sulla Terra eravamo in qualche modo già aperti alla dimensione spirituale. Altrimenti le cose si fanno più difficili... la strada è più lunga e più tortuosa.

ci sorge dentro un forte desiderio di rientrare sulla Terra per rimettere le cose a posto, sulla base di presupposti nuovi.

Questa forte spinta, questo desiderio, è una parte importante del meccanismo del karma, che regola come e perché veniamo chiamati a rimettere a posto quello che abbiamo scombinato.

Se la vita che abbiamo vissuto ha avuto un bilancio positivo, quando torneremo a vivere sulla Terra avremo un livello di coscienza un po' maggiore della vita precedente. Ma anche ogni volta che rientreremo nella dimensione spirituale, tra una vita e l'altra, il nostro essere spirituale sarà cresciuto. Se la nostra evoluzione procederà positivamente, un po' alla volta il livello di coscienza in entrambe le dimensioni tenderà ad espandersi. Nel mondo spirituale avremo sempre meno bisogno del contributo degli altri esseri superiori, e saremo sempre più in grado di incidere positivamente sulla dimensione terrena.

Anche i grandi maestri di spiritualità fanno questo percorso. Non si sono evoluti di colpo come per magia, ma attraverso innumerevoli vite di crescita. In quanto punte avanzate dell'umanità sono più avanti degli altri, ma sempre sullo stesso cammino. Così come sono sullo stesso, identico percorso anche le punte meno avanzate, che forse hanno solamente avuto per il momento minori opportunità ...[5]

Questo aumento del livello di coscienza, illustrato molto sinteticamente dal disegno, arriverà fino al momento in cui della reincarnazione non ci sarà più bisogno, perché già sulla Terra avremo raggiunto il livello di coscienza del mondo spirituale angelico, e potremo così far parte di una dimensione superiore.

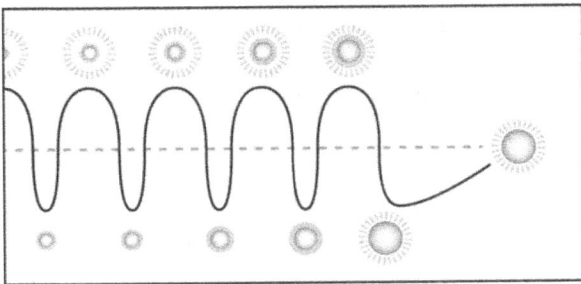

---

[5] Per questo chi è partito più veloce - sfruttando prima e in qualche modo "al posto" degli altri le opportunità offerte dall'esistenza terrena - sente forte dentro di sé la responsabilità di aiutare chi è rimasto indietro. E' il tema evangelico della "Lavanda dei piedi".

Il meccanismo del karma non servirà più, la morte non avrà più senso, sarà finita l'alternanza della reincarnazione e la necessità della materia così come si presenta ora. Saremo noi, sia come singoli che come umanità nel suo insieme, quel sole a destra nel disegno. Un sole capace di illuminare spiritualmente tutta la Terra e gli esseri che vi abitano.

Ne abbiamo di strada da fare, ma stiamo in cammino, in una fase molto importante e delicata.

Questa è, in estrema sintesi, l'evoluzione e il suo procedere..

Senza la reincarnazione nulla di tutto ciò sarebbe possibile. Una sola vita non sarebbe mai sufficiente a fare tutto questo percorso.

come funziona il karma?

noi e la rete

Vediamo ora come funziona il meccanismo del karma in relazione ai rapporti con gli altri esseri della rete cosmica.

Come abbiamo detto, tra noi ed un'altra persona esiste un collegamento, fisico al livello subatomico...e spirituale a tanti altri livelli. Un collegamento che esiste comunque, anche se non ci vediamo e se non ci parliamo, anche se non ce ne rendiamo conto. Tra noi e nostro figlio, che magari è dall'altra parte del mondo, c'è comunque un forte collegamento. Tutti i rapporti con gli altri esseri sono così.

Quando nasciamo, ci troviamo senza saperlo immersi in questa rete invisibile e immediatamente cominciamo ad intessere rapporti sempre più coscienti con le persone e con gli altri esseri che ci circondano

Man mano che cresciamo, ci rendiamo conto un po' alla volta di avere una madre, un padre, un fratello, una sorella, degli amici... Ma anche il gatto, un albero, l'erba, la luna, il sole, le formiche... E poi più avanti la fidanzata, la moglie, il marito, i colleghi di lavoro, ecc... E' come se illuminassimo con la nostra coscienza normale alcuni dei canali della rete che ci circonda. Così facendo li rendiamo per noi attivi, e cominciamo a percepire l'andata e il ritorno di quello che passa al loro interno: le immagini, gli odori, i suoni, le sensazioni di piacere o di dispiacere... Man mano che andiamo avanti "accendiamo" per la nostra coscienza sempre più rapporti con tutto quello che ci circonda..

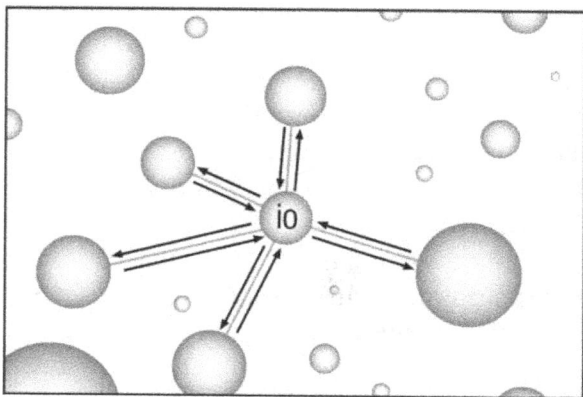

Anche se noi ci rendiamo conto solo dei rapporti che abbiamo attivato, il resto della rete c'è comunque. Esiste tutta un'altra realtà che è vera anche se non ne abbiamo coscienza: ci sono gli infiniti canali di connessione con il resto dell'umanità e del

cosmo. E, per quanto riguarda i rapporti
con le persone che abbiamo già incontrato, ci
sono tutta una serie di dimensioni invisibili e
sottili – fisiche, vitali, astrali, spirituali – che
noi non percepiamo. Inoltre non conosciamo
né tutto il passato né il futuro delle nostre
relazioni.

Ci sembra che il mondo sia fatto delle cose
con le quali siamo entrati in contatto, mentre
in effetti abbiamo intravisto solamente un
pezzettino della realtà nella quale siamo
immersi!

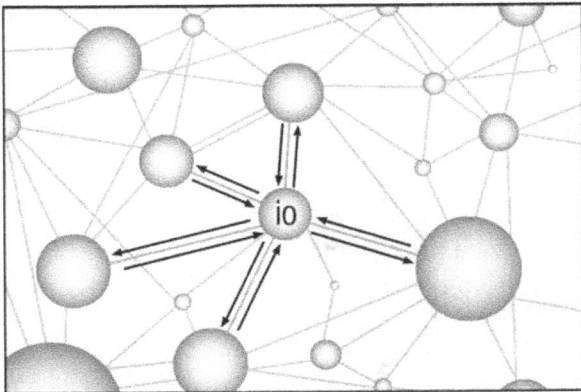

Quando poi cominciamo ad agire nella vita, nei canali della rete, a noi sembra di avere a che fare solo con questo pezzettino di rapporti. Ma in effetti quello che facciamo riguarda già tutta la complessa realtà che non vediamo.

la distorsione della rete

Il karma è quello che succede quando noi ci muoviamo nella rete…

Sono "**le regole del gioco della rete**".

Per capire come funziona, facciamo finta di cominciare dalla prima vita. Come se nascendo non avessimo fatto alcuna esperienza precedente.[6]

Entriamo nella rete e cominciamo a fare qualcosa: a vedere la mamma, il papà i fratelli, altre persone. E diciamo che ad un certo punto cominciamo a conoscere un amichetto…

---

[6] Siamo in teoria il primo puntino di coscienza del disegno a pag.

Il rapporto di base, il rapporto "di natura" tra noi, "A", ed il nostro amichetto, "B", è costituito da un certo equilibrio fissato dal mondo spirituale, come i perfetti equilibri tra gli elementi della natura. Ma del quale noi non sappiamo nulla.

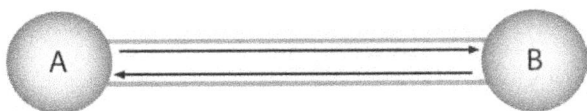

Questo equilibrio ideale è fatto in modo che, nello scambio dei nostri talenti, delle nostre azioni, pensieri e sentimenti, possiamo arricchirci l'uno con l'altro, in questa vita ed in tutte le nostre vite future. Il canale tra di noi è una splendida opportunità di esperienza e di crescita a disposizione di entrambi. E' un "canale di grandi possibilità", che funziona bene quando è ben aperto e quando vi facciamo scorrere dentro forze d'amore, in forma di pensieri, sentimenti o azioni. Questo canale è immerso in una rete di rapporti tutti con le stesse qualità.

Quando noi, con la nostra coscienza ancora piccola, cominciamo ad attivare questo rapporto, non ci rendiamo conto del meraviglioso equilibrio e delle grandi possibilità... e pensiamo solo dal nostro limitato punto di vista. Noi vogliamo per noi *le cose buone*, ma ancora non sappiamo quali sono quelle veramente buone per noi, e pensiamo che siano quelle che più ci piacciono istintivamente.

E allora, magari diciamo: "Bella la macchinetta del mio amico.. adesso me la prendo io! "

Cosa abbiamo fatto in questo modo? Abbiamo alterato quel meraviglioso equilibrio di fondo predisposto dal mondo spirituale per il bene di entrambi, abbiamo tenuto il nostro amore per noi, e abbiamo *piegato* il canale sulla base delle esigenze, degli impulsi della nostra coscienza molto piccola e "semicieca".

Dal punto di vista grafico, potremmo immaginare quello che è accaduto come se avessimo fatto deviare da una parte, tirandolo verso di noi, il corso naturale ed equilibrato di questo rapporto. Con il nostro piccolo egoismo incosciente lo abbiamo fatto diventare sbilanciato. Le energie che potevano e dovevano passarvi liberamente nei due sensi, da noi a lui e da lui a noi, sono come inceppate. La qualità del rapporto, il suo "colore" e le forze in gioco cambiano, distratte e bloccate dalla deformazione.

Con l'intento di arricchirci, abbiamo impoverito lui e le sue opportunità, abbiamo disturbato il canale di comunicazione profonda tra di noi. E per di più non mi sono reso conto che, creando una vera e propria strozzatura nelle possibilità di questo rapporto, positive anche per noi... invece di arricchirci ci siamo impoveriti!

I risultati della nostra azione finiscono qui? No...

Proprio perché siamo inseriti in una rete, ci sono per forza effetti che si ripercuotono anche nella rete.

Siccome con la nostra azione abbiamo cambiato sia noi che lui, a sua volta anche quello che da lui e da noi passa sui canali con gli altri ne viene modificato. Se lui si è arrabbiato, magari sarà nervoso con gli altri amichetti, o particolarmente piagnucoloso con la mamma. Penserà che non si deve fidare degli altri...

Noi invece, se con quella prepotenza abbiamo un po' spento le capacità di amare, penseremo che la cosa migliore per noi sia di andare a rubare macchinette anche agli altri bambini...E poi magari nostro padre se ne accorgerà, o la maestra... e così via, in tantissime possibili concatenazioni di eventi.

Comunque il colore, la frequenza, la forma, la funzionalità di tutta la rete si altera.... In una sorta di *reazione a catena*.

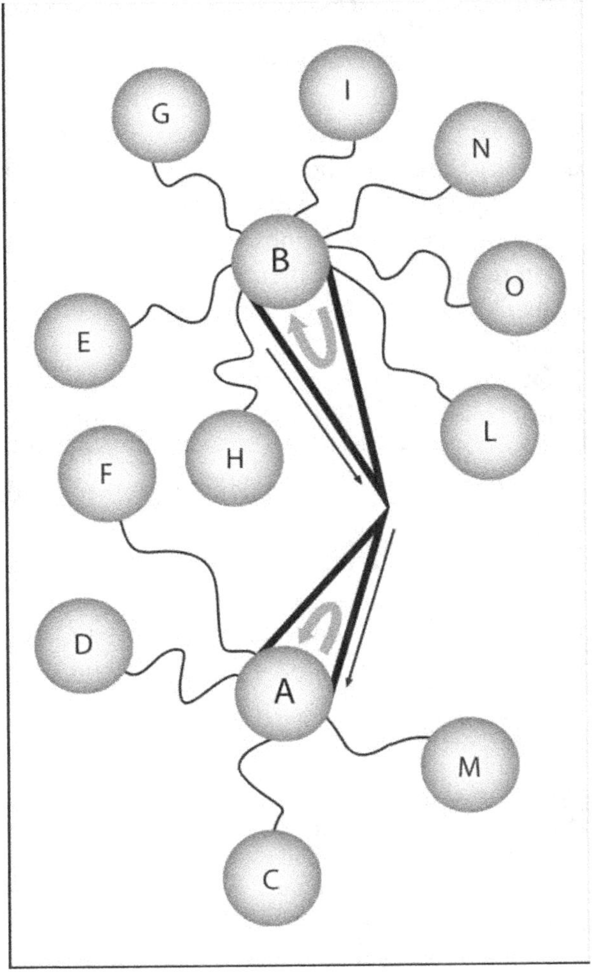
G
I
N
B
O
E
L
H
F
D
A
M
C

Questo avviene nel mondo costantemente, in positivo e in negativo.

Se pensiamo che siamo immersi in una rete di reti fatta di differenti "frequenze", nelle quali passano non solo le azioni materiali, ma anche le energie vitali, i pensieri, le passioni, i sentimenti di tutti i tipi, possiamo renderci conto che anche un pensiero o un sentimento particolarmente "basso" è in grado di influenzare sia ogni singolo rapporto che tutta la rete. [7]

Qualsiasi cosa ognuno di noi fa, sente o pensa, modifica l'atmosfera fisica, vitale e psichica del mondo intero. I veggenti che osservano l'atmosfera psichica del mondo dicono che non è stata mai grigia come ora... E questo è dovuto ad una reazione a catena di azioni e pensieri privi di spirito e pieni di paure, dolori, odio e preoccupazioni materiali.

---

[7] Secondo Rudolf Steiner, un veggente vede che un pensiero amorevole forma una specie di calice di fiore che avvolge con amore l'aura di colui al quale era destinato, ravvivandola e contribuendo al suo benessere interiore. Mentre un pensiero carico d'odio penetra nella vitalità del corpo e nell'anima come una freccia lacerante.

Per fortuna in questa rete sono presenti e crescenti anche tante luci, dovute all'opera di un gruppo di uomini già più coscienti e illuminati. Ancora pochi, ma sparsi ovunque nella rete, nei vari continenti, in tutte le situazioni sociali, in tutte le organizzazioni.

A questa opera di riequilibrio, illuminazione e purificazione della rete contribuisce in modo indispensabile e determinante anche ogni pensiero, sentimento o azione positiva che parte da ogni essere umano. Questo insieme di elementi di luce e di amore, che diventano trainanti anche per gli altri, ha la capacità di diffondersi "a macchia d'olio" nella rete.[8] In questo caso il "colore" e la forma della rete migliora, a beneficio di tutti.

Viceversa, una situazione di grande violenza, come una guerra, genera un vortice oscuro di paura, di dolore e di odio, che come un grande buco nero assorbe dalla rete le energie sane e luminose della coscienza umana.

Noi uomini siamo capaci di produrre questo tipo di orrori su vasta scala. Basta solo pensare alle grandi guerre, alle stragi, ai

---

[8] James Redfield, nel suo notissimo "La profezia di Celestino" si sofferma particolarmente su questo concetto, definendolo *massa critica*. "La profezia di Celestino", Corbaccio, Milano 1991.

genocidi degli ultimi cento anni. Sono le somme dei nostri egoismi, piccoli e grandi - amplificate e diffuse dalla rete - a generare grandi *macchie grigie*. Queste sono il terreno fertile coltivato ogni giorno dai poteri oscuri all'opera nel mondo. Da qui traggono la forza e il nutrimento per mettere in opera le loro strategie.

E tutto parte sempre da un primo impulso egoistico individuale, come quello attraverso il quale, nella nostra "prima vita teorica", abbiamo cominciato ad alterare il canale con il nostro amichetto, rubandogli un giocattolo...

La nostra responsabilità è quindi prima di tutto nel tipo di pensieri, azioni e sentimenti della nostra vita quotidiana. Ed in quelli che siamo in grado di suscitare tra le persone intorno a noi: siamo noi che creiamo e modifichiamo il colore, la frequenza, l'atmosfera della rete. Ognuno di noi già partecipa a pieno titolo - anche se non se ne accorge - alla lotta delle forze del bene contro le forze oscure. E ognuno di noi può aiutare a decidere le sorti vere di una guerra, di uno scontro di poteri, degli equilibri ecologici o economici della Terra. Attraverso la rete nulla ci è estraneo: possiamo agire dall'esterno e dall'interno di qualsiasi cosa!

perché Dio ci lascia fare?

Ma perché il mondo spirituale ci lascia fare? Perché non ce lo dice subito chiaro e tondo, appena cominciamo a deformare la rete, che ci stiamo sbagliando?

Noi allora potremmo fare i bravi e dire: "Ho capito, va bene..." E allora tutto finirebbe lì... Che bisogno c'è di tutte queste sofferenze?

E' una domanda legittima, che può anche partire da molto indietro: perché Dio ha lasciato che Adamo ed Eva mangiassero la mela? E perché poi ha consentito che Caino uccidesse Abele? Perché Dio permette la prepotenza, la violenza, le guerre, le stragi e i genocidi?

Perché per noi è stato scelto un cammino di crescita nel quale lo sviluppo del nostro essere avviene solamente sulla base della *nostra* libera esperienza. Attraverso l'esperienza costruiamo le *nostre* forze, le *nostre* facoltà. E' il vecchio, sacrosanto "sbagliando si impara", al quale va aggiunto "e imparando si cresce".

Ogni volta che da un'altra dimensione "sbarchiamo" sul pianeta Terra, siamo messi a confronto con la realtà materiale, che è aspra e dura, ma anche molto bella e seduttrice. Il nostro equipaggiamento più immediato è costituito dai sensi, che ci fanno vedere solo una realtà molto superficiale. Dentro lo "scafandro" dei sensi abbiamo però uno spirito che di per sé è *libero*, e dotato di strumenti di amore e di pensiero così forti ed efficaci da poter superare tutti gli ostacoli.

Il mondo spirituale ci ha fatti liberi perché solo un essere libero può diventare un *creatore* vero. Liberi di sbagliare nei rapporti con la realtà materiale, e quindi liberi di capire, con le nostre forze, quale è il modo migliore di crescere all'interno della rete di reti.

Attraverso processi di coscienza, e spesso attraverso il dolore, costruiamo dentro di noi delle forze. Quando la nostra coscienza esita o si assopisce, è il dolore a darci le opportunità di crescere: in tanti casi è un acceleratore del nostro sviluppo.

Ma il grande propulsore della nostra crescita, quello che ci procura veramente grandi forze, è l'amore: è il compiere il più possibile azioni amorose illuminate dalla saggezza della nostra coscienza.

Amore e dolore... Questo amare e soffrire è quello che porta dentro di sé ogni mamma durante il parto: produce il miracolo di una vita nuova, di un essere nuovo. Un essere veramente capace di amore saggio e creativo.

la rete deformata e la rete divina

Ma torniamo ai nostri primi passi nel mondo.

Siamo da poco entrati nella rete e già abbiamo cominciato a deformare i vari equilibri. Ma non siamo solo noi a farlo: la cosa avviene contemporaneamente dappertutto, perché ognuno in qualche modo deforma i rapporti che lo circondano, in una infinita serie di alterazioni reciproche.

Ne viene fuori una rete deformata, in cui circola poco amore, che si sovrappone alla immensa rete equilibrata creata dal mondo spirituale.

E' importante sapere che, mentre noi tutti viviamo nella rete che noi stessi abbiamo deformato, la rete divina di rapporti potenzialmente sani e amorosi è comunque lì, invisibile ma presente. Ed è una realtà alla quale manca qualcosa, che vuole completarsi.

E' una rete "di grandi possibilità" che sta a noi realizzare. Il mondo spirituale l'ha fatta come una specie di "contenitore" ideale del cosmo, pronto a far scorrere in modo ottimale le nostre forze di luce e di amore. Ma è come una macchina che chiede di essere messa in moto, un pezzo per volta ed infine tutta insieme, da noi uomini: si completerà e funzionerà pienamente solo quando avrà ricevuto tutte le forze di amore e di luce dell'umanità.

La rete ha quindi l'esigenza di completarsi, e questo crea una corrente cosmica che dagli esseri del mondo spirituale entra dentro ognuno di noi.

Da qui sorgono nel nostro cuore gli impulsi di amore e di giustizia, la voglia di sapere come stanno veramente le cose, l'ideale di un mondo migliore e più bello. La voglia di pace, la spinta a salvaguardare la Terra, gli animali, le piante... La voglia di mettere fine alla fame e alle sofferenze dei più poveri.

Dentro di noi, una parte ancora piccolissima, ma divina, è sempre rimasta collegata al progetto originario, fa sempre parte della rete creata dal mondo spirituale. E in fondo al nostro cuore preme perché lavoriamo a trasformare la rete deformata

fino a farla combaciare con quella ideale,
riempiendola di correnti di un amore *nostro*,
che finalmente scorra tra di noi e verso tutte
le altre creature.

gli effetti della distorsione

Se noi abbiamo fatto un torto a qualcuno, può
darsi che ce ne accorgiamo. Ma può anche
darsi di no.

Di certo ci è capitato che qualcuno ci
abbia detto qualcosa del genere: "Che dolore
ho provato quella volta per quella tua frase
cattiva!" Oppure: "Quel tuo complimento mi
ha fatto un grande piacere!". E con grande
sorpresa ci accorgiamo che noi proprio non ci
ricordiamo di aver detto quelle cose...
Mentre per quelle persone sono state
importanti, sono rimaste impresse dentro di
loro.

Qualcosa del genere può capitare anche
nei nostri rapporti con gli esseri della Natura:
una volta abbiamo tagliato il ramo di un
albero, perché avevamo bisogno di spazio. E
poi ce ne siamo dimenticati... Ma l'azione
che abbiamo compiuto non è finita lì: ha un
effetto duraturo, che resta nella realtà. Per noi

staccare un ramo non è niente, ma nel cosmo significa una alterazione dell'equilibrio complesso e intelligente creato dalla saggezza divina...

Noi non ce ne rendiamo conto, ma abbiamo provocato un cambiamento in noi e nell'albero. Ed inoltre nei rapporti tra l'albero e le tante creature che utilizzavano quel ramo. Lo abbiamo fatto senza pensare che l'ombra di quel ramo, la sua posizione la sua forma e le sue dimensioni - non casuali - avevano una precisa funzione per la struttura vivente dell'albero e per l'ambiente degli altri esseri intorno.

Qui c'è un elemento molto importante, sul quale dobbiamo soffermarci con attenzione:

> *cerchiamo di capire meglio cosa succede quando facciamo qualcosa che altera l'equilibrio.*

Guardiamo il disegno che segue: da una parte ci siamo noi, con il nostro Io, e dall'altra c'è il mondo che ci circonda.

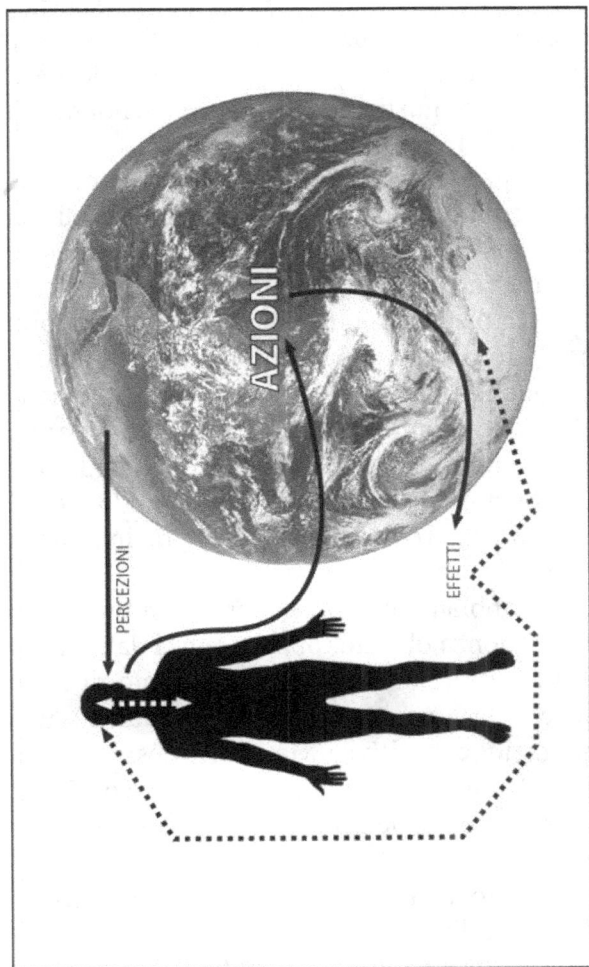

PERCEZIONI

AZIONI

EFFETTI

Noi dal mondo, attraverso i sensi, riceviamo delle *percezioni*: vediamo certe cose, le tocchiamo, ne sentiamo gli odori e il suono, ne gustiamo il sapore, sentiamo il caldo o il freddo, e altro…

E questo fa sorgere dentro di noi delle *sensazioni*: quello che le percezioni ci portano ci piace, non ci piace, ci lascia indifferenti, e così via in tantissime sfumature diverse per ognuno di noi. In questo modo in noi si forma un mondo tutto privato ed unico.

Quello che arriva dal mondo viene elaborato dentro di noi e poi, di ritorno, utilizzando il risultato di queste elaborazioni, compiamo delle *azioni* nel mondo. Così facendo provochiamo delle alterazioni nella rete.

Se abbiamo elaborato bene, con un livello di coscienza elevato, oppure spinti dall'istinto di un cuore puro, che si rende conto di tante cose, la nostra azione produrrà una alterazione positiva. Ma se le nostre azioni saranno il frutto di un livello di coscienza basso ed egoistico, produrremo deformazioni negative della rete.

Questo è il circuito normale della nostra vita quotidiana.

Nel disegno la mano indica l'azione che compiamo nel mondo, quella che altera il

collegamento di base tra noi e la cosa o la persona oggetto della nostra azione.
Cosa succede con questa azione?

Due tipi di effetti:

- **su di noi,**
- **fuori di noi.**

Il primo dei due si verifica perché la nostra anima e il nostro spirito funzionano in un modo tutto particolare:

facendo le cose, noi cambiamo noi stessi: diventiamo un po' alla volta diversi; migliori o peggiori.

Se facciamo una esperienza, questa diventa un elemento, una parte di noi. Più facciamo una cosa più questo fare diventa una nostra facoltà... Se facciamo delle cose buone *diventiamo* sempre più bravi a fare certe cose "buone", e viceversa se facciamo cose "cattive"…

Se già da bambini cominciamo a tenere solo per noi delle piccole cose piacevoli o belle, senza volerle condividere, e poi crescendo manteniamo questo nostro modo di fare, *diventiamo*, col passare degli tempo, degli egoisti molto maggiori di quanto non fossimo prima. Diventiamo diversi da come eravamo prima, in peggio.

Se proviamo una certa gioia a fare un dono a qualcun altro, più lo facciamo e più diventiamo bravi a donare con il cuore e con gioia.... Più, un po' alla volta, *diventiamo* persone amorevoli e gioiose. Mentre prima non era così: siamo diventati qualcosa di diverso e di migliore: siamo esseri "cresciuti" nelle nostre facoltà.

Quindi la nostra azione nella rete produce sempre un cambiamento, piccolo o grande, **dentro di noi**.

Siamo diventati un po' diversi. Possiamo non accorgercene... ma non sfuggire a questa realtà, perché ormai fa parte di noi.

Se agendo male diventiamo più egoisti, senza accorgercene stiamo creando problemi per la nostra crescita, stiamo appesantendo i nostri strumenti.

Ma se vogliamo possiamo sfuggire a questa incoscienza, e capire che se ora siamo fatti in un certo modo questo molto probabilmente è dovuto a quello che abbiamo fatto nel nostro passato: certe azioni, certe esperienze ci hanno cambiato... in meglio o in peggio.

Ed allora ci verrà anche naturale pensare che

> *dobbiamo stare più attenti a quello che facciamo e a come lo facciamo, perché da questo dipende quello che saremo in futuro!*

Guardiamo cosa succede con il secondo effetto delle nostre azioni, quello sul mondo esterno, **fuori di noi.**

Il ramo che abbiamo tagliato ormai non è più là. potrà ricrescere col tempo, ma ormai il corso delle cose è stato cambiato definitivamente. Quello che avverrà per l'albero non potrà più essere esattamente quello che era prima. Noi abbiamo visto l'albero senza quel ramo, o forse il nostro amichetto che piangeva per la prepotenza ricevuta... Ma poi magari ce ne siamo dimenticati... E poi tendiamo naturalmente a ritenere che questo effetto, siccome non si sviluppa dentro di noi nelle sue ulteriori conseguenze, ma fuori, non sia duraturo, che non esista più... Oppure *che non ci riguardi più.*

Invece, anche in questo caso, non possiamo sfuggire agli effetti delle nostre azioni: queste hanno comunque alterato la rete delle nostre possibilità, quella nella quale viviamo.

Se trattiamo sempre male quel nostro collega non usufruiremo mai né conosceremo le opportunità positive del nostro incontro non casuale. Riempiendo di scorie e di rifiuti il nostro ambiente, stiamo già limitando tantissimo le nostre possibilità di una vita salutare e armoniosa...

Ma se vogliamo, possiamo da ora in poi sfuggire a questa incoscienza, e pensare che:

dobbiamo stare più attenti a quello che facciamo e a come lo facciamo, perché da questo dipendono l'ambiente e le opportunità del nostro futuro!

Il karma sono le nostre azioni passate che diventano il nostro destino presente, e le nostre azioni presenti che diventano il nostro destino futuro.

Abbiamo allora visto che **tutti e due gli effetti** di una azione, su di me e sul mondo, **sono duraturi**. Anche se noi normalmente non ce ne rendiamo conto, non pensiamo nemmeno che ci siano...

E allora cosa succede?

Succede che, visto che tutti questi canali che noi piano piano attiviamo e trasformiamo sono sempre lì, **noi rimaniamo comunque collegati da rapporti deformati** all'albero spezzato o all'amichetto cui abbiamo fatto un torto... Anche dopo anni, quando pensiamo a tutt'altro e non ci ricordiamo più di quello che è successo.. E per di più anche noi siamo un po' diversi da come eravamo prima.

la spinta a rimettere le cose a posto

Qui subentra un fatto molto importante. Se il mondo spirituale ci avesse fornito dei bei rapporti da deformare e tutto rimanesse lì, la cosa non avrebbe senso. Invece ci ha concesso di deformare liberamente i canali, perché poi noi stessi trovassimo il modo di raddrizzarli, di riportarli al loro equilibrio migliore... e magari anche meglio!

Il famoso "libero arbitrio" è in fondo quella *libertà di sbagliare* che Dio ci ha concesso proprio perché, essendo liberi di sbagliare, altrettanto liberamente avremmo potuto trovare il modo di rimettere a posto le cose.

La differenza tra sbagliare e rimettere a posto però è che per esercitare il libero arbitrio ci possiamo permettere di essere incoscienti, mentre per rimettere le cose a posto dobbiamo per forza adoperare la coscienza...

Il mondo spirituale, per metterci sulla strada giusta, ci ha dato un ulteriore aiuto: ha donato a tutti questi rapporti, a tutti questi canali, **una spinta interna**, naturale, a tornare in equilibrio... per ristabilire tutte le nostre migliori opportunità..

L'universo è fatto così: tutti questi canali e questi collegamenti vogliono stare nell'equilibrio più giusto per l'evoluzione positiva di tutte le creature che ne fanno parte... Noi li distorciamo e quelli tendono a tornare a posto... noi creiamo delle strozzature e quelle tendono a riaprirsi...

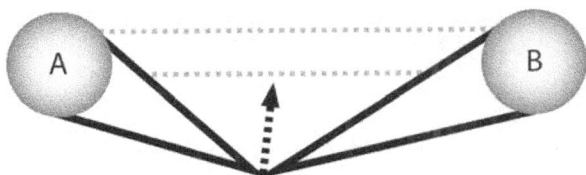

E' come se, nel distorcere il collegamento, lo avessimo tirato da una parte, come la corda di una arco...e lo tenessimo in tensione con la mano e il braccio...

Le cose non tendono a rimanere così.. La nostra mano ed il nostro braccio rimangono in una situazione nella quale hanno una spinta a far ritornare la corda a posto.. E' questa una legge karmica di grande saggezza: la corda dell'arco non torna a posto da sola, ma continua a tirare la nostra mano *fino a farci male*... Finché noi coscientemente non ci decidiamo a farlo.

Allora, anche se ci siamo dimenticati degli effetti di quello che abbiamo combinato, questo non fa nulla nell'economia generale del cosmo: prima o poi **lo squilibrio che abbiamo creato ci ritorna incontro perché pretende di essere messo a posto.**

un meccanismo per favorire la libera crescita della coscienza

Come abbiamo visto, il sistema del karma tende a fare in modo che sia presente in noi una spinta a rimettere a posto gli scompensi che noi stessi abbiamo creato. Poi predispone le cose in maniera tale che questo impulso trovi nella vita le occasioni per realizzarsi in azioni concrete. E' il mondo spirituale che fa la sua parte nel creare continuamente intorno a noi con amore le condizioni e lo occasioni per farlo. In certi casi ci mette fretta, ci dà un spinta, ce ne mostra l'urgenza.... Ma può anche decidere che la cosa migliore per noi è lasciarci in questo stato di tensione latente per

anni, o da una vita all'altra. Prima o poi
però, non c'è dubbio, vuole che l'azione
giusta - quella che si trasforma in facoltà
nostra di rimettere coscientemente le cose a
posto - la facciamo proprio noi.

Perché?

Perché cresciamo così: nel
rimettere a posto positivamente quello
che negativamente avevamo alterato
nella nostra incoscienza. Nel rimettere
a posto costruiamo passo passo le
nostre forze, le nostre facoltà, che
diventano parte di noi.

Quando avremo ritrovato le diverse
condizioni di equilibrio.. Quante più ne
avremo trovate.. più il nostro spirito avrà
intorno a sé le strade aperte per portare doni
agli altri e per riceverne…

Apriremo noi stessi a tutto quello che di
buono possiamo dare ed a tutto
l'infinitamente buono che gli altri ed il
cosmo intero possono donarci… Ogni azione,
pensiero o sentimento egoistico è la chiusura
di uno di questi canali di arricchimento
reciproco.

Ma qui occorre fare attenzione: non si può
riaprire un canale della grande rete con mezzi

meccanici... lo si può fare solamente con forze d'amore, che poi devono continuare a scorrervi dentro. Altrimenti lo scompenso, il blocco, si ricrea.

L'*indifferenza* verso qualcuno che incontriamo non ci salva dagli effetti del karma... Non basta dire: "Non ho sentimenti negativi nei suoi confronti e quindi non ne avrò un carico karmico." Certo è già qualcosa, ma non basta: il canale che ci si presenta davanti nella vita, non lo fa per caso, ma per essere "acceso" da noi facendovi scorrere dentro pensieri, sentimenti e azioni pieni di amore... Se non lo facciamo, ne soffochiamo la frequenza di opportunità luminosa con la quale ci si offre, e creiamo comunque una distorsione che prima o poi dovremo sanare.

Il karma è in pratica il meccanismo che ci aiuta a diventare, da esseri incoscienti, esseri con livelli di coscienza sempre più elevati.

Il lavoro da fare è tutto un lavoro di cuore e di pensiero... Per renderci conto di quello che veramente succede quando ci muoviamo nel mondo, quando compiamo una azione nei confronti di un altro... Per capire veramente che se facciamo qualsiasi cosa nel mondo, e sottolineo *qualsiasi cosa*, lo facciamo anche a noi stessi!

Dalla conoscenza del karma emerge il senso profondo del male che facciamo agli altri o alla natura. Perché scopriamo che è un uccidere le opportunità degli altri ed un vero e proprio suicidio delle nostre...

Se ci rendiamo conto di questo, il karma diventa un qualcosa che possiamo adoperare coscientemente e liberamente, per trasformare la nostra vita e quella delle persone intorno a noi.

Certo nel passato, a giudicare da come ci ritroviamo ora, sia come individui che come umanità, dobbiamo averne combinate di tutti i colori! Ma era necessario per crescere. E quindi è del tutto inutile coltivare sensi di colpa per quello che abbiamo sbagliato. Noi proprio non potevamo rendercene conto: con gli occhi, o con i sensi in genere, tutto il meraviglioso quadro positivo di questa rete e del suo funzionamento non potevamo vederlo. Non potevamo nemmeno intuirlo... Ma possiamo cominciare a farlo ora con la nostra coscienza. La responsabilità vera scatta di fronte alle nuove occasioni di rimettere a posto le cose. Da oggi in poi, da ora in poi...

Normalmente, siccome siamo pigri, ed abbiamo una coscienza ancora poco cresciuta, il lavoro di risanamento degli equilibri lo facciamo molto poco o per niente. Ecco perché il mondo spirituale ha messo su questo meccanismo "a elastico" o "a molla" per cui le deformazioni che abbiamo provocato ci tornano comunque addosso. Ma facciamo attenzione: non ci tornano addosso *per punirci* per il male che abbiamo fatto. Ci vengono incontro per darci di nuovo l'occasione di crescita che in modo incosciente noi stessi non abbiamo colto. Tornano verso di noi per consentirci di riparare i buchi che noi abbiamo fatto nel tessuto evolutivo del cosmo ed in quello nostro interiore.

Le occasioni di crescita

I modi con i quali le deformazioni della rete ci tornano incontro come *occasioni,* sono i più vari. Il mondo spirituale li predispone e li organizza per noi, sia nel corso di una stessa vita, che da una vita all'altra. Il sistema migliore che ha trovato per far riparare a noi stessi i guasti che abbiamo prodotto è un meccanismo fa in modo di **farci incontrare nuovamente con gli effetti di delle nostre azioni.**

Abbiamo visto che una nostra azione genera *un cambiamento interiore* e *un cambiamento nell'ambiente* esterno a noi.

Normalmente l'occasione di ristabilire gli equilibri viene predisposta come l'opportunità di una nuova azione da compiere quando siamo già un po' cambiati grazie a ciò che abbiamo fatto precedentemente, e siamo quindi in un rapporto nuovo con quello che abbiamo cambiato.. Quando siamo in **una nuova posizione**, più favorevole a capire ed agire nel modo giusto.

Diciamo che i due cambiamenti da noi prodotti *si tornano incontro...*

Questo avviene in parte anche nel corso di una stessa vita: se abbiamo appreso una certa lezione, e siamo migliorati, ci può venire incontro un qualcosa da sanare che nel nostro modo di essere precedente non saremmo riusciti a compiere.

Facciamo un esempio.

Sperperando male i soldi in una vita disordinata e dannosa per il nostro corpo, ci siamo procurati una malattia che ci obbliga a fermarci e che ci fa soffrire... Questo ci fa entrare in crisi. La sofferenza ci spinge a chiederci il perché di questa malattia, ci mette di fronte alla nostra fragilità, e alle tante incognite della vita. E allora riconsideriamo la nostra esistenza e abbiamo la possibilità di capire che il nostro errore di fondo è stato quello di dare importanza solo ai piaceri superficiali e al denaro per procurarseli. Mentre ora abbiamo scoperto che i valori veri sono ben altri, che in precedenza abbiamo trascurato: i rapporti umani, l'amore, gli ideali elevati, ecc... E adesso, forti di questi nuovi strumenti di comprensione, vogliamo affrontare la nostra esistenza in un modo nuovo. Se allora ci viene incontro la crisi di una figlia, o di un amico, che forse noi stessi nel passato, con la nostra superficialità avevamo innescato, potremmo essere in condizioni di aiutarli. Ben più di prima, quando la nostra attenzione era rivolta solo all'effimero... Ora abbiamo invece la possibilità di "sanare" uno squilibrio partito da noi.

Il *cambiamento prodotto **dentro di noi*** dalle nostre azioni precedenti, *si ritrova con* *gli effetti* **sugli altri** delle stesse azioni. Per darci la possibilità di riequilibrare i nostri rapporti da una posizione più favorevole,

Nel corso di una stessa vita, se non cogliamo una occasione, veniamo spesso messi di fronte ad altre possibilità di riequilibrare un certo rapporto. E qualche volta l'impresa va in porto. Ma quando, nonostante gli sforzi, non ci riusciamo, questo è anche perché non sono granché cambiate le nostre condizioni di fondo, la nostra situazione. E allora il passato diventa un qualcosa di troppo pesante, difficile da superare. Possiamo certo fare molto, ma con dei limiti.

Se in noi abbiamo un forte impulso alla collera, la saggezza della vita certamente ci farà vedere i danni che abbiamo provocato con le nostre esplosioni di rabbia, e ci darà molte occasioni per riparare questi danni e per attenuare la nostra tendenza. Se però la collera è fortemente radicata nel nostro temperamento, nella nostra costituzione psicofisica, riusciremo forse a conseguire delle forze interiori nel combatterla; ma non potremo vincerla o sanare tutti gli squilibri che con la collera abbiamo provocato intorno a noi. Per farlo dovremmo ripartire da condizioni differenti, meno svantaggiate.

Quelle condizioni di temperamento erano il frutto della nostra evoluzione precedente, e le avevamo scelte prima di nascere per poter fare certe esperienze nella vita: ormai fanno parte di noi...

Se dunque la nostra attuale tendenza alla collera serve originariamente ad un intento positivo, è anche vero che produce effetti negativi di altro genere che con un temperamento iroso non possiamo affrontare adeguatamente. Per questo sarà necessario vivere una vita successiva muniti di un diverso temperamento, grazie al quale potremo meglio sanare gli errori della vita precedente.

Per questo il meccanismo fondamentale del karma, quello più efficace per riequilibrare i vari canali della rete, va da una vita all'altra.

karma e reincarnazione

ritrovarsi cambiati ad affrontare gli effetti di quello che abbiamo scombinato...

Cerchiamo di vedere un po' meglio cosa succede dopo la teorica "prima vita", quella nella quale noi e gli altri tutti insieme abbiamo cominciato a scombinare le cose della rete...

Quando, alla fine di una esistenza terrena, si entra nel mondo spirituale, si compie un viaggio piuttosto articolato, che attraversa varie fasi prima del ritorno sulla Terra. Le nostre guide spirituali e i cari che troviamo in quella dimensione lavorano intensamente con noi per aiutarci a trarre il meglio dall'esperienza della vita precedente. Prima dovremo riconoscere a fondo gli effetti veri, reali, delle nostre azioni: quello che abbiamo modificato nella rete del mondo e dentro di noi. E poi questi effetti, tenendo conto anche di quello che viene dalle vite precedenti, diventano delle componenti importanti nella progettazione e costruzione della struttura psichica, vitale e fisica del nuovo essere che dovrà rinascere. Per avere la possibilità di proseguire il percorso da una posizione nuova e più idonea. E allora viene fatto un bel progetto di vita, al quale partecipiamo, che prevede un certo tipo di corpo - sano o malato -, determinati genitori – con precise caratteristiche -, un certo tipo di temperamento ed un certo segno zodiacale, un certo paese di origine - più o meno gradevole -, una certa classe sociale e culturale -, più o meno elevata... E tanti altri particolari. Possiamo dire che ognuno di noi è il frutto, la confluenza, anche nei suoi vari corpi, di due correnti: del percorso passato del suo io - con tutte le esperienze e facoltà che ha maturato -, e della linea ereditaria della propria famiglia, quella che abbiamo scelto per una certa vita.

Oltre a questo viene definito un percorso di massima per la vita futura, nel quale vengono inserite nel modo migliore possibile le tappe fondamentali: gli incontri, i malanni, le gioie, i dispiaceri, i successi, i rovesci... In modo tale che, quando ritorniamo sulla Terra, ci vengano incontro, nelle condizioni migliori, le opportunità di risistemare tutti quei canali che abbiamo deformato nella vita o nelle vite precedenti...

Come a dirci:

> *"Ecco le tue occasioni, coglile!*
> *Altrimenti il tuo braccio indolenzito*
> *rimarrà in tensione, il tuo buco*
> *interiore rimarrà tale, e gli squilibri*
> *che tu hai prodotto nel mondo*
> *rimarranno lì. E te li troverai sempre*
> *di fronte..."*

Perché funziona così?

Facciamo un esempio: in una vita siamo una marito che ha la forte tendenza ad essere prepotente... E facciamo delle prepotenze alla poveretta che vive con noi da tanti anni. E' chiaro che già nella stessa vita ci vengono incontro gli effetti di queste nostre prepotenze: ne avremo dei contraccolpi... mica ci andrà sempre liscia! E quindi vedremo almeno una parte degli effetti di questo nostro modo di fare... Ma magari la tendenza ad essere prepotenti in questa vita è così forte che non riusciremo mai a metterci veramente nei panni del nostro partner e quindi a cambiare atteggiamento. E allora arriveremo alla fine della vita senza aver risolto il problema.

L'intelligente meccanismo del karma in questo caso cosa fa?

Se abbiamo esercitato durante la vita una costante prepotenza, questa ha lavorato su di noi giorno per giorno... fino ad indebolirci nel profondo della nostra struttura psichica. Perché la forza che scorre e dà vita ed energia a tutte le nostre strutture è l'amore, e noi non ne abbiamo fatta scorrere granché dentro di noi. E allora, quando andiamo a rinascere nella vita successiva, magari ci ritroviamo un carattere debole invece che forte. Perché con la nostra prepotenza abbiamo perso energie d'amore, ed ora questo indebolimento, in un nuova vita, diventa parte della nostra costituzione psicofisica... Viceversa, quella nostra compagna si è rafforzata molto subendoci, a forza di esercitare per amore la pazienza e la capacità di sopportazione. Ora, "guarda caso", ce la ritroviamo vicino. Questa volta però, per poter provare ancora meglio come stanno le cose, noi saremo donna, e la nostra ex-moglie la incontreremo nuovamente come marito, o come padre, con una personalità più forte di noi e magari anche piuttosto prepotente proprio nei nostri confronti.[9]

---

[9] Questo esempio, come gli altri, è del tutto teorico, e molto schematizzato a scopo esemplificativo. La realtà dei

Allora sì che saremo veramente nelle condizioni migliori per sentire dentro gli effetti di quello che abbiamo combinato nella incoscienza della vita precedente. Ed avremo l'opportunità di costruire le forze che ci mancavano proprio giovandoci di quello stesso canale con la nostra compagna che prima avevamo egoisticamente distorto.

messaggi personali da decifrare

Se in noi cresce la coscienza che i fatti della nostra vita hanno origini di questo tipo, avremo anche l'opportunità di capire che quello che ci succede non è dovuto al caso o al destino - buono o crudele che sia – ma spesso al passato che abbiamo vissuto insieme. E che quel passato ci torna incontro

---

passaggi, delle trasformazioni e dei vari effetti prodotti dai nessi karmici da una vita all'altra è notevolmente complessa, e segue leggi sottili e complicate. Rudolf Steiner ne ha fatto una ricerca molto approfondita seguendo, con lo strumento veggente della ricerca scientifico-spirituale, i percorsi evolutivi di moltissime individualità. Vedi tra l'altro le conferenze contenute nella serie "Considerazioni esoteriche sui nessi karmici", o in "Manifestazioni del karma", della Editrice Antroposofica, Milano.

per stimolarci a crescere facendo le cose giuste. Si possono aprire in noi degli occhi nuovi, che guardano alla vita in modo differente: da una parte colmo di meraviglia, e dall'altro attento a capire quello che ci viene incontro giorno per giorno. Attraverso le persone e gli altri esseri che incontriamo, ed in ogni situazione nella quale ci ritroviamo, si manifestano dei veri e propri messaggi del mondo spirituale, diretti proprio a noi. Quello che ci capita, ci parla di noi, del perché siamo quello che siamo, di come siamo diventati così, e di cosa c'è da fare per migliorare. Sono messaggi sacri e "cifrati", fatti su misura per noi, che sta a noi decriptare per diventare esseri capaci di vivere ed agire bene.

sto male senza un perché...

Spesso è chiaro che è proprio con una certa persona che abbiamo un problema o uno squilibrio... E questo in qualche modo ci aiuta a concentrare la nostra attenzione sul quel canale, su quel rapporto specifico. Ma altre volte percepiamo un senso di disagio, e non ne comprendiamo il perché. Ci sono dei periodi più o meno lunghi nella vita, nei quali ci sentiamo depressi o agitati senza saperne il motivo e ai quali non troviamo una spiegazione o un rimedio…

E' il "braccio che duole", quello che ha alterato il canale tirandolo da una parte, verso di sé. E non ce la fa più a stare in quella posizione di squilibrio. Significa che abbiamo qualcosa da rimettere in ordine, che nel passato abbiamo alterato per mancanza d'amore: il rapporto con un nostro caro, o con qualcun altro, o con la natura.

Se ci rendiamo conto che le cose potrebbero stare così, non possiamo starcene con le mani in mano: dobbiamo cominciare a guardarci intorno con grande attenzione. E cercare di scoprire quale è quel rapporto - che è già intorno a noi, o che ci sta venendo incontro - nel quale riversare quell'amore disinteressato che possa rimettere le cose a posto e liberare il nostro futuro.

E se per caso non lo scopriamo? O non ce ne rendiamo conto?

Beh, allora nel dubbio potremmo cercare di distribuire amore il più possibile tutto intorno, anche un po' alla cieca: magari senza saperlo sistemeremo proprio il canale giusto! Ma, ancora meglio, sicuramente miglioreremo la nostra vita e quella delle persone intorno a noi.

Mica possiamo essere così egoisti da dare amore solo se ne abbiamo una utilità specifica!

Possiamo allora dire che *il nostro disagio interiore è il frutto di un meccanismo karmico che vuole spingerci ad amare di più e ad essere meno egoisti*?

Sì... perché no?

cosa succede se non cogliamo le occasioni che il karma ci offre?

E' molto raro che noi riusciamo a cogliere al volo il senso di quello che il mondo spirituale ci manda incontro. Spesso ci vogliono vari tentativi: magari una prima volta non capiamo, la seconda ancora no, la terza un pochettino... E' sempre un processo di maturazione abbastanza graduale, attraverso il quale comunque sviluppiamo delle forze nuove.

La scorza della materia e dei sensi è dura da superare, ma è per questo che poi si diventa forti....

E allora cosa succede quando non capiamo, e magari continuiamo a comportarci male come la prima volta che abbiamo deformato un certo equilibrio?

E' come se tendessimo l'arco ancora di più...Ci facciamo un altro "buco" interiore e creiamo un altro squilibrio esterno.

Quando facciamo male o bene, lo facciamo sempre fuori di noi e a noi stessi contemporaneamente... Ma se vogliamo riparare il danno che ci siamo provocati, l'unica strada è quella di *fare qualcosa di appropriato nel mondo*... Per questo siamo sempre così obbligati a far passare il nostro bene attraverso un rapporto positivo con gli altri e con la natura...

Non possiamo lavorare solamente su di noi e dimenticare il mondo: le due cose sono intimamente connesse. Noi cresciamo solamente attraverso le esperienze che facciamo agendo... e se queste sono positive abbiamo un riscontro positivo nel nostro essere. Ma se sono negative non cresciamo, e ce ne accorgiamo perché stiamo male o le cose vanno male... e allora dobbiamo ricucire gli strappi...

Quando non sfruttiamo alla prima occasione una certa opportunità, produciamo uno squilibrio, e questo torna indietro per essere riequilibrato. Si presenta ancora come un evento della nostra vita, apparentemente casuale, ma questa volta lo fa **in maniera più evidente, spesso più dolorosa**, perché noi ci decidiamo a risanarlo.

E lo fa per noi, per farci svegliare una buona volta!

noi e gli altri nella dimensione spirituale, tra una vita e l'altra.

A questo punto vediamo di approfondire cosa succede al nostro rapporto con gli altri esseri della rete **tra una vita e l'altra.**

Mettiamo che abbiamo fatto qualcosa che non andava, che distorceva la relazione.. Ed in genere è veramente già successo che, con le azioni, i sentimenti o i pensieri, abbiamo creato qualche distorsione, sia pure inconscia, *con tutti quelli che abbiamo incontrato…*

Cosa succede quando passiamo attraverso la soglia della morte?

La vita continua in un'altra dimensione, e quindi non c'è l'interruzione di un percorso, ma solo nuovi sviluppi. Lo schema karmico rimane così, con gli stessi soggetti, con la sua forte struttura di fondo, le sue leggi e le alterazioni che noi produciamo e saniamo, per tutta l'evoluzione... Da una vita all'altra la trama dei nostri rapporti umani e cosmici ci segue sempre...

Non è che se abbiamo tagliato il ramo dell'albero o fatto un dispetto a qualcuno, questa cosa rimane giù sulla Terra e noi dopo morti non ne sappiamo più nulla. Abbiamo solo "cambiato dimensione", ma la rete ci segue.

Con la differenza fondamentale, che con la nostra *coscienza angelica* "in prestito" adesso vediamo tutto, ci rendiamo conto di tutto quello che abbiamo fatto.

Ritornando ai racconti delle *esperienze di premorte*, viene spesso riportato che una delle prime fasi nell'aldilà è una visione rapidissima ma completa di tutto quello che abbiamo vissuto. E tanti non riescono a spiegarsi come mai in un lampo hanno rivisto tutta la propria vita...

Ma questo è solo il primo assaggio di quello che poi successivamente - per chi non torna indietro subito - avviene in vari ed approfonditi modi, con varie tappe, e con tutto il tempo necessario. Il mondo spirituale ci aiuta a rivedere quello che abbiamo combinato in tutti i nostri rapporti con gli altri. E lo rivediamo in dettaglio... Ma con questo livello di coscienza accresciuto lo rivediamo in un modo interessante e significativo, che non è quello usuale terreno.

Quando nel mondo spirituale ripercorriamo un rapporto, **non lo riviviamo dal nostro punto di vista, ma da quello dell'altra persona...**

Per anni dopo morti, con l'aiuto delle forze angeliche, proviamo tutto quello che abbiamo fatto provare agli altri, come fossimo loro... dalla prima all'ultima esperienza... Non come ce le ricordiamo noi in genere - poco e male - ma come le hanno vissute loro momento per momento...

Cerchiamo di seguire con un esempio che cosa può succedere in una tale situazione.

Diciamo che nella vita precedente ci siamo comportati male nei confronti della nostra compagna, che si chiamava Laura (che per ognuno di noi può essere uomo o donna, e che è stato marito o moglie, padre, madre, fratello, sorella, figlio o figlia, amico o amica etc.).

Con il nostro comportamento abbiamo fatto soffrire Laura e contemporaneamente creato "dei buchi" in noi stessi. Perché, come abbiamo già visto, quando noi produciamo una distorsione alteriamo noi stessi, l'altro ed il canale tra di noi...

Ora, nel ripercorre la nostra esistenza sulla Terra con Laura, , rivedremo e sentiremo dentro di noi tutto quello che Laura ha sofferto per il nostro comportamento. Questa è una prima esperienza che comincia a farci dire: "Ma cosa ho combinato...! Sto soffrendo ora quello che io ho fatto soffrire.. Senti come è forte... Ma non è giusto far soffrire così..."

Questo dolore ci è sorto dentro nello stesso modo in cui l'ha sentito Laura mentre era in vita. E lei poi magari pensava qualcosa come: "Vorrei proprio con tutto il cuore che lui non mi trattasse male, che mi volesse bene, perché non lo fa?..." Ed noi ora sentiamo anche questo, e possiamo capire cosa avremmo dovuto fare e non abbiamo fatto...

Allo stesso modo durante questo percorso si evidenziano tutti gli altri squilibri che abbiamo prodotto nei rapporti con le altre persone e gli altri esseri della Natura che abbiamo incontrato. E' il carico "karmico" che abbiamo prodotto nella nostra vita, che ora stiamo rivivendo.

E allora, poiché questo è insito nella nostra natura di *esseri d'amore* in embrione, ci viene il desiderio insopprimibile di riparare al male fatto. E vogliamo trovare un modo per sanare questa doppia ferita che continua a sanguinare: quella fatta a Laura e quella fatta a noi stessi esercitando la prepotenza e la durezza di cuore.

te l'ho chiesto io di trattarmi male...

Una delle differenze tra lo stare sulla Terra e stare nel mondo spirituale, è che dopo morti il corpo fisico non ce l'abbiamo più. Sulla Terra i corpi ci tengono separati l'uno dall'altro, mentre **senza i corpi materiali non siamo più veramente separati.**

Dopo un certo periodo che siamo nel mondo spirituale, ci ritroviamo più o meno tutti là, perché nessuno rimane giù per sempre. Ed allora per una certa fase, non avendo il corpo fisico a separarci, saremo tutti immersi nei pensieri e nei sentimenti di tutti gli altri quelli con i quali eravamo e siamo collegati. E più siamo stati in sintonia o in collegamento con qualcuno prima, più in qualche modo "vivremo l'uno nell'altro" in questa nuova dimensione...

In questa condizione vivremo ora anche la nostra voglia di recuperare. Se prima abbiamo vissuto dalla prospettiva di Laura come lei ci ha vissuto e sofferto... Ora, quando la ritroveremo nel mondo spirituale, vivremo dentro di lei questa forte spinta a riparare... E magari arriveremo a dirle:

> *"La cosa migliore per capire bene nel profondo e sanare questo squilibrio è che, quando ci ritroveremo nella prossima vita, tu faccia a me qualcosa di analogo a quello che io ti ho fatto. Così proverò questa esperienza sulla Terra, là dove le esperienze diventano facoltà, nella mia carne, nella mia anima, nel mio modo di pensare. E farò crescere dentro di me le forze che tu hai sviluppato in te a contatto con la mia prepotenza... Allora il canale di grandi opportunità tra di noi sarà*

di nuovo libero e l'amore creativo
potrà passarvi dentro."

Vivremo in maniera talmente forte questa idea dentro Laura, che la instilleremo in lei come missione, come impulso per la prossima vita. E quindi, se avremo elaborato qualcosa del genere: *" Io ti ho trattato male, quindi l'unica cosa per cominciare a riequilibrare il nostro rapporto è che tu tratti male me..."*, **glielo imprimeremo dentro** nel periodo che passeremo insieme prima di rinascere.

E allora cosa può succedere?

Che quando Laura rinasce, stavolta magari come "Giorgio", fa un percorso per il quale poi si innamora di noi, che ora siamo una signorina che non a caso lo attrae moltissimo. Poi ci sposiamo, e allora Giorgio - che si è dimenticato tutte le esperienze precedenti alla nascita - non sa perché, ma sente dentro di sé un istinto, un impulso molto forte a trattarci male.

Ma l'istinto di trattarmi male gliel'abbiamo messo dentro proprio noi. Che a nostra volta non sappiamo più di averlo fatto... E allora ci disperiamo e diciamo: *"Ma perché Giorgio mi tratta così male?... Che gli ho fatto? Che gli prende?"*

Non possiamo certo immaginare la nostra storia con Laura....

E' proprio così. Ma se sappiamo che quello che ci capita è regolato dal meccanismo del karma in un modo profondamente giusto e positivo, possiamo riconsiderare con occhi diversi le relazioni con le persone che mi circondano. Abbiamo certamente degli elementi in più per interpretare il senso dei nostri e dei loro comportamenti, altrimenti incomprensibili.

Un aspetto bellissimo del karma è che è un meccanismo di giustizia purissimo... E per giunta è un sistema che ci consente di farci sempre giustizia da soli.

Tutti i rapporti che viviamo sono regolati in questo modo. E quindi tutte le persone che ci troviamo intorno - sicuramente tutti i familiari e gli amici più stretti, oltre a numerosi conoscenti - sono persone che sono con noi dall'inizio dell'evoluzione.

E' molto probabile che se una di queste persone ci tratta male.... gliel'abbiamo chiesto proprio noi! E gliel'abbiamo chiesto perché noi abbiamo trattato male lei. Il fatto è che nella nostra coscienza normale non ce ne ricordiamo...

Se abbiamo una certa coscienza di come può funzionare il karma non ci concentreremo solamente sulle colpe dell'altro, ma piuttosto su come affrontare il fatto di essere trattati male... Per trasformarlo in una cosa positiva.

I modi possono essere tanti: dalla pazienza all'opera di convinzione, dall'allontanarci saggiamente all'avvicinarci ancora di più con amore. Dipende da quello che avremo in coscienza pensato, intuito come la cosa migliore da fare.

Se invece pensiamo che quel trattarci male non ha un perché profondo, non ha un passato che riguarda anche noi. Se consideriamo vero solo quello che vediamo, e non prendiamo in considerazione una prospettiva karmica, è probabile che ce la prendiamo seriamente solo con Giorgio. E magari cominciamo ad odiarlo ed a cercare i modi di vendicarci, creando un nuovo "giro di karma" negativo da compensare.

l'amore, una decisiva marcia in più

Quello che viene fuori è che, se in noi non entra una coscienza maggiore, che significa un pensiero più ampio guidato dal cuore, il karma diventa davvero una sorta di ruota senza fine: io faccio una cosa a te, tu la fai a me, e così via...

Invece noi possiamo spezzare questa catena ed utilizzare il karma indirizzandolo nel senso della nostra crescita.

Prima di tutto occorre dire che negli esempi abbiamo schematizzato molto, anche troppo... Perché il rapporto tra due persone, dopo tante vite, è pieno di conti in sospeso di tutti i tipi, sia positivi che negativi, che li coinvolgono tutti e due in una bilancia del tutto unica e complessa.

E' vero che questo meccanismo, se si limitasse a ripetere specularmente cambiando le posizioni tra A e B, non porterebbe da nessuna parte... Sarebbe quasi un infinito "occhio per occhio, dente per dente", anche se la "vendetta" contro di noi non è poi propriamente una vendetta e per di più la decidiamo noi...

Forse il numero delle esperienze
necessarie ad ognuno di noi per costruirsi una
coscienza adeguata potrebbe essere troppo
lungo.. quasi infinito.. oppure inutile.

A meno che non intervenga qualche altro
fattore…

Il grande veggente Rudolf Steiner a questo
proposito riporta i risultati delle proprie
indagini spirituali. E rivela che nella storia
dell'umanità ad un certo punto è entrato un
elemento nuovo, che ha fornito la possibilità
di migliorare radicalmente il meccanismo del
karma, rendendolo più agile, più veloce, più
efficace ed in fondo più corrispondente alla
intenzione di amore della creazione.

In un preciso momento della nostra
evoluzione l'Essere Solare, l'Essere
dell'Amore, il Cristo, si è inserito
nell'Umanità, impregnando le nostre anime
ed ogni cellula del nostro corpo di un
principio nuovo, di una forza che prima non
c'era: **la capacità di farsi canali coscienti di
pure forze creative di Amore.**

Questa è una potenzialità che è dentro di
noi da duemila anni, ma che abbiamo
adoperato ancora molto poco. E' una capacità
che ci consente, se lo vogliamo, di intervenire
con l'Amore che abbiamo dentro nel karma

nostro e degli altri, modificandolo
positivamente.

Per questo un altro nome che nelle antiche
tradizioni viene attribuito al Cristo è quello di
"Signore del Karma": *l'Amore in grado di
signoreggiare, di modificare il karma*. Usare
la forza del Cristo in noi, che poi è quella
dell'Amore, significa usare il karma per
dirigerlo dove vogliamo liberamente.[10]

Questa possibilità dell'Amore, secondo
Steiner, esiste comunque per tutta l'Umanità.

---

[10] A prescindere dagli aspetti "cristologici",
sui quali ognuno ha i propri pensieri e sentimenti,
spesso alterati dal tipo di educazione ricevuta, o da una
reazione a questa educazione, mi rendo conto che non
è facile accettare passivamente quello che Steiner dice.
Non è nemmeno giusto, a meno di ricadere in trappole
fideiste. E del resto non era questo il suo intento. La
sua intenzione, dichiarata più volte nel rivelare
informazioni sui molteplici elementi del mondo
spirituale, ivi compresa la figura centrale del Cristo, è
quello di spingere chi volesse delle conferme a seguire
un cammino che lo porti alla visione diretta di queste
realtà, e non solo a fidarsi delle sue parole. Un
continuo invito a ricercare, per il quale lui dà dei
suggerimenti, non dei dogmi. Da punto di vista
dell'autore queste visioni di grande fascino, che fanno
vibrare molte corde interiori, sono soprattutto un forte
stimolo a vedere quanto se ne può verificare nella vita
di tutti i giorni.

Ovviamente anche per chi non ha mai sentito parlare di Gesù Cristo. Si tratta di un evento cosmico che fa parte della nostra evoluzione, di come tutti gli uomini sono fatti ora, che lo sappiano o meno. E sta già modificando il modo di essere e di agire di tanti individui, in tutte le culture del mondo

Il destino che ci viene incontro è il frutto del nostro libero arbitrio del passato. E allora possiamo dire, basandoci sulla visione di Steiner, che se vogliamo costruirci un buon karma per il futuro, questo dipende dalla *quantità di Amore* che immetteremo coscientemente nelle nostre azioni. Dipende dalla *quantità di Amore* che in questo modo avremo immesso nei canali della rete.

Quando noi combattiamo con tutte le spinte che ci sorgono dentro in relazione agli altri, soprattutto alle persone vicine – per le quali abbiamo spesso sentimenti più forti - stiamo combattendo gli impulsi che ci siamo instillati l'uno con l'altro prima di nascere, per riparare a tutti i danni che ci siamo fatti... Ma se vogliamo crescere veramente, non possiamo semplicemente lasciarci andare all'istinto, agli impulsi che ci siamo infilati dentro uno con l'altro: dobbiamo fare in modo di trasformarli in elementi d'Amore.

Per fare un esempio pratico, la forza dell'Amore, può produrre effetti del genere: ritornando all'esempio di prima, Laura rinata come Giorgio con l'impulso che noi gli abbiamo instillato, può dirci: "Io sento un forte impulso a trattarti male, ma non lo faccio. Decido per amore di non farlo... Per miope pigrizia seguirei il mio impulso, per amore tuo lo combatto!"

Solo l'Amore può produrre questo risultato. E allora non c'è bisogno di aspettare di rivedersi dopo morti... non abbiamo bisogno di avere in prestito la coscienza di un angelo per capire... Il "recupero" degli effetti negativi del nostro rapporto lo facciamo durante la vita stessa, per un motivo molto semplice: abbiamo esercitato quel pezzetto di coscienza nostra che è già al livello di quella che ci viene prestata dopo la morte...

Così' cresciamo come esseri spirituali: quando non aspettiamo di morire per trarre le lezioni della vita ed agire con amore. Se ci riusciamo, in qualche modo abbiamo vinto il karma e la morte, abbiamo cominciato ad essere come saremo alla fine dell'evoluzione.

Qualcuno qui potrebbe dire: "Ma se tu, Giorgio, spezzi questa catena... non aiuti più me che ti avevo chiesto di trattarmi male per il mio bene!"

Qui c'è tutto il mistero di questa forza enorme: l'Amore migliora comunque la vibrazione, la frequenza del rapporto, trascina comunque anche noi a crescere, in quanto è anche forza di comprensione, che può aprirci gli occhi prima ed evitarci ulteriori sofferenze. E allora noi magari, spinti da Giorgio, faremo una azione che cambierà il nostro karma... Che senza l'effetto contagioso del suo amore non avremmo compiuto.

Mandare amore a qualcuno significa fornirgli uno strumento importantissimo in più per evolversi. Quando noi leviamo i nostri blocchi dai canali che ci congiungono agli altri, è come se aprissimo la strada a torrenti d'Amore che possono travolgere i blocchi creati dagli altri, che possono aprire loro gli occhi ed il cuore! Il vero sviluppo dei rapporti umani comincerà a volare alto e rapidamente quando tutti daranno Amore a tutti gli altri.

E' come se tutto il meccanismo karmico funzionasse a due velocità: una è la "minima", basata solo sulle esperienze che abbiamo fatto e sui pareggi che siamo chiamati a compiere, e l'altra è una velocità ben superiore, quella che corre sulle frequenze dell'Amore, con la quale ci liberiamo dal meccanismo più pesante e liberamente diamo un impulso alla crescita degli altri ed alla nostra .

Il karma è un positivo moltiplicatore di occasioni. Tutti hanno l'opportunità di provare e di capire che l'Amore può migliorare tutti. La scelta di dare Amore invece di seguire l'impulso, o di reagire all'impulso dell'altro è coraggiosa.... Forse dura.... Ma sicuramente la più intelligente e la più produttiva dal punto di vista pratico.

di fronte al karma ognuno ha le sue responsabilità

Facciamo ancora un esempio di vita quotidiana.

Se noi siamo una moglie che viene trattata male dal marito, come abbiamo visto ci dobbiamo porre un problema di coscienza e di giustizia, perché molto probabilmente lui sta facendo a noi quello che gli abbiamo chiesto di fare. Perché gliel'abbiamo già fatto noi. E questo ci può dare una occasione di comprensione, di crescita e di riscatto. Ma sicuramente non diminuisce la responsabilità di nostroo marito, che ha comunque come compito quello di cercare di vincere il **suo** impulso negativo.

Quando arriva qualcuno a darci uno schiaffo, quella mano l'abbiamo spinta noi! Lo schiaffo che un tizio ci dà, dal nostro punto di vista riguarda solo noi... noi che lo abbiamo messo in moto e noi che ne dobbiamo trarre la necessaria esperienza e la necessaria lezione! Ma questo non diminuisce la responsabilità di chi ci schiaffeggia.

Noi lo abbiamo messo in condizioni di darci uno schiaffo, e ora sta a lui di fare il lavoro di non darcelo…. E questo riguarda solo la **sua** coscienza.

Nel caso di nostro marito esiste ben forte il compito d'amore di superare questo oscuro impulso a trattarci male… E se non lo fa… si crea un nuovo problema… Quello che possiamo fare noi come moglie è di aiutare lui come possiamo a superare questo problema che noi abbiamo contribuito a creargli. Non ce la possiamo prendere con lui: se si comporta così vuol dire che ancora non ha capito o che ancora non ce la fa… Tutti e due siamo sempre chiamati ad esercitare amore, e a lasciarlo scorrere nei due sensi del canale che ci lega, ognuno per la sua parte.

Naturalmente le scelte che possiamo compiere sono tante, e debbono essere frutto di un serio sforzo di comprensione: le azioni conseguenti, che reputiamo le migliori, non sono necessariamente quelle di subire, possono anche essere il contrario! L'importante è che sia una "strategia d'amore" intelligente.

ti amo ma ti lascio...

Un altro elemento importante è che dobbiamo anche renderci conto di quando da un rapporto è meglio distaccarsi. Se in questa vita ce l'abbiamo messa tutta, ma evidentemente, dalle posizioni reciproche che abbiamo, non si può fare di più, è meglio separarsi!

Dal punto di vista della "nostra" giustizia karmica, questo si può fare solo se veramente pensiamo di aver speso in quel rapporto tutto il nostro amore e tutta la nostra fantasia: di avercela messa veramente tutta.

"Con mio marito ce l'ho messa tutta, in coscienza. Le ho provate tutte con amore e intelligenza, ma non ce la faccio più: sento che ormai il nostro rapporto mi procura solamente veleno... E allora è meglio che mi distacchi. Magari a questo punto gli faccio più bene così, e faccio più bene anche a me stessa... Se più di tanto non si può fare in questa vita, ci riproveremo nella prossima! Magari da posizioni che meglio ci consentono di superare il blocco che si è creato tra di noi."

Certo è comunque un lavoro molto difficile e impegnativo: occorre mettersi sempre in discussione, stare attenti a non lasciarsi andare agli impulsi, ma studiarli, per tentare di trasformarli ogni volta in qualcosa di buono.

Ma noi cresciamo proprio attraverso i lavori difficili... Se sono facili, vuol dire che non abbiamo da lavorare... e quindi come risultato non faremo un granché di progresso...

recriminare, giudicare, criticare ?

Un'altra riflessione che si può fare, vedendo le cose da questo punto di vista, è che l'impulso che tutti più o meno abbiamo a recriminare, a criticare, a giudicare, non ha senso.

Noi in genere recriminiamo, critichiamo o giudichiamo le persone che abbiamo intorno in base alle aspettative che ci creiamo nei loro confronti: ci aspettiamo che nostra moglie, o nostro figlio, o il nostro capo, si comportino in un certo modo... Se non lo fanno tendiamo a criticarli, a giudicarli male. Tendiamo a recriminare...

Ma in base a che cosa?

Solo a delle aspettative che si basano su una nostra visione della realtà che è limitatissima... sicuramente sbagliata da tanti punti di vista: noi non conosciamo tutti i veri perché del comportamento degli altri, che affonda nel passato lontano e si volge al futuro, in un quadro evolutivo e karmico che ci sfugge completamente.

E allora magari ci aspettiamo dagli altri dei comportamenti che noi riteniamo positivi e necessari, ma che, in una prospettiva di coscienza più ampia, non lo sono affatto.

Vorremmo ad esempio che nostra figlia si trovasse un lavoro che gli desse una sicurezza economica ed una stabilità di impiego, in una solida organizzazione. E forse non ci rendiamo conto che questo non corrisponde affatto ai suoi talenti veri, al senso di quello che è venuta a compiere durante questa vita... E allora, se non segue quello che noi ci aspettiamo, non facciamo altro che criticare, recriminare... Così facendo in qualche modo freniamo la sua crescita.

Questo significa che dobbiamo invece disinteressarci, distaccarci?

No, il contrario: significa che dobbiamo mantenere il massimo di attenzione e di apertura per cercare di capire meglio, dando per scontato che ci sono tantissime cose che non conosciamo. E sapendo che comunque, man mano che ci pare di capire le cose che riguardano il nostro rapporto con una certa persona, non dobbiamo metterci dentro elementi negativi, come le critiche o il malanimo, ma parole e azioni intelligenti e amorose. Questo è comunque l'unico cibo valido per illuminare il nostro rapporto.

Il resto sono solo schermaglie dilatorie...

l'importanza di verificare nella propria vita

"Ma io - dirà la nostra parte razionale e sanamente scettica – questo karma non lo vedo, non lo sento, non lo tocco... Che ne so che queste non siano tutte fantasie inutili? Che ne so che questa misteriosa lingua cifrata del mondo spirituale poi esiste sul serio?"

E' vero: chi ci può assicurare che le cose stiano in questo modo?

Nessuno... e se anche qualcuno potesse darci la sicurezza con le parole, abbiamo il dovere di non credergli ciecamente se non abbiamo sperimentato dentro di noi come stanno le cose. Questo dobbiamo fare, se vogliamo avere basi nuove e solide: sperimentare, verificare, riflettere sulla nostra esperienza.

E allora, se prima non ci ponevamo particolari domande sul motivo per cui nella nostra vita ci ritroviamo circondati da relazioni positive o negative, piacevoli o dolorose, ognuna con le sue precise particolarità... Ora, prendendo per ipotesi che possa esistere questo meccanismo del karma, possiamo tentare di verificare tante cose...

Prima di tutto, se proviamo a partire dalla possibilità che tutte le relazioni che ci circondano, sia belle che brutte, abbiano comunque un senso positivo, possiamo ripensare al passato, e tenere sotto osservazione quello che avviene... per vedere se il meccanismo karmico ci spiega quello che finora per noi era inspiegabile. Possiamo vedere se, immettendo amore disinteressato in una certa relazione, in un certo canale, è poi vero che lo squilibrio nel nostro rapporto con quella persona tende a sistemarsi.

Possiamo partire dall'ipotesi che nel negativo e nel dolore che ci circonda esisstano le migliori opportunità di crescita per noi e per gli altri. Che noi ne siamo comunque corresponsabili, anche se non ce lo ricordiamo… Che se ragioniamo e sentiamo in questi termini poi riusciremo anche a capire cosa è meglio fare.

E cercare di verificare se poi è così.

Possiamo poi vedere se è vero che si può considerare tutto come una bella opportunità… E che noi dobbiamo solo provare a trasformare coscientemente in positivo tutto il negativo che viene dal passato... con un processo di amore e coscienza. Che tutto ci chiama a lavorare in questo modo: sentire.. pensare.. intuire…agire al meglio delle nostre possibilità. Che maggiore è il dolore o l'ostacolo, maggiore il lavoro positivo che siamo chiamati a compiere.

Solo se ogni giorno saremo noi a verificare, dentro di noi e nelle nostre azioni, la realtà delle verità spirituali, queste saranno reali per noi e cambieranno le cose in positivo.

Se non proviamo a decifrare e a parlare la lingua del mondo spirituale, non sapremo mai se esiste… e soprattutto non impareremo mai ad usarla!

le famiglie spirituali

Un altro aspetto del meccanismo karma-reincarnazione è che siamo collegati da tempo immemorabile in un modo particolarmente forte e già parzialmente cosciente ad un preciso gruppo di persone. Il collegamento di fondo inconscio con tutti gli altri esseri del cosmo rimane. Ma nel corso della evoluzione non abbiamo avuto ancora a disposizione un numero di vite sufficiente per interagire utilmente con tutti nello stesso modo.

I "conti" fino ad ora abbiamo potuto farli con un numero ristretto di persone, anche se poi abbiamo alterato in qualche modo *tutta* la rete cosmica, con quel meccanismo *a macchia d'olio*, o a *reazione a catena* cui abbiamo accennato in precedenza.

Di vita in vita questo gruppo di persone a noi più vicine va su e giù con noi tra Terra e mondo spirituale…. E lo fa più o meno insieme.. perché è necessario ritrovarsi per poter sanare i problemi prodotti ai canali di collegamento tra di noi. Se no si rischierebbe di non poter fare il lavoro di risanamento, riapertura e rafforzamento spirituale dei vari rapporti.

Naturalmente questo circolo di individualità si allarga man mano che cresce il nostro livello di coscienza, fino a che un giorno abbraccerà tutta l'Umanità. Ma per il momento il nostro gruppo, la *nostra famiglia spirituale*, è più o meno fatto del numero di persone con le quali abbiamo un rapporto significativo nel corso della vita presente, che non è poi molto grande.

Qualcuno direbbe: "Che bello, sto sempre con i miei cari!" E qualcun altro: "Ma no, sempre le stesse persone, maledettamente le stesse!"

In effetti quello che ritroviamo sempre è l'Io vero, quello "positivo" e luminoso di ognuno, anche se ogni volta con una "maschera" diversa. Noi siamo legati allo spirito dei nostri cari: quello amiamo. Quello che a volte non ci piace non è mai lo spirito, ma la "maschera" che ha assunto in una certa vita. E noi cominciamo ad amare veramente una persona quando amiamo quello che c'è dietro. La maschera è l'opportunità, l'ostacolo, lo stimolo positivo o negativo che ci viene incontro.

Come abbiamo già accennato, il meccanismo del karma è molto complesso, e sulla base del tipo di vita che abbiamo fatto, del tipo di esperienze, nella vita successiva ci ritroveremo cambiati, anche fisicamente, come vitalità, come attitudini, come carattere... Una vita precedente crea i presupposti per una nuova configurazione degli strumenti (corpo fisico, vitale, astrale, anima) che il nostro Io ha a disposizione.

E' molto bello pensare che, nei nostri rapporti con le persone intorno a noi, quello che ci facciamo, nel bene e nel male, cambia noi e gli altri. E allora, quando ci troviamo in una nuova vita, non solo ci siamo distribuiti impulsi a vicenda, ma ci troviamo cambiati tutti quanti come persone e nelle nostre facoltà, proprio sulla base di come ci siamo comportati gli uni con gli altri....

Sempre lo stesso gruppo di persone, la stessa "famiglia spirituale" che attraversa le epoche, ogni volta con tutte le posizioni cambiate... Ad esempio: una vita da uomo ed una da donna, una vita per ognuno dei segni zodiacali come minimo, perché sono dodici differenti modi di essere in relazione al cosmo. Una volta amici e una volta familiari; una vita da ricchi, una da poveri e una così e così... Una vita per la varie razze principali... L'Umanità è fatta in tanti modi differenti, perché possiamo arricchirci a vicenda, ma lo è anche perché così, vivendoli tutti, allarghiamo al massimo la nostra gamma di esperienze.

Se potessimo seguire l'evoluzione del gruppo sulla Terra, lo vedremmo una volta in Europa, una volta in Africa, poi un'altra in Cina, e così via. A fare esperienze di luoghi con impronte spirituali particolari, e ad immergersi in differenti lingue, civiltà, costumi e religioni.

Adesso, con il mondo così globalizzato, tutto è più articolato. Vista la facilità di movimenti può darsi che un gruppo venga sulla Terra sparso su più continenti, e poi si ritrovi nel corso della vita.

La nostra è un'epoca di tanti viaggi, mentre una volta questo gruppetto proprio non poteva muoversi granché.. a meno che non fosse nomade. E' un'epoca di possibile sviluppo della coscienza, nella quale c'è l'esigenza di fare il massimo di esperienze. Per questo abbiamo una tecnologia che facilita i contatti globali, che ci unisce al resto del mondo... E poi pare che in questo periodo ci si reincarni più spesso di quanto avvenisse in passato, proprio perché questa è un'epoca che offre forti sfide da affrontare e forti possibilità di crescita.

Visto che siamo parte di famiglie spirituali che percorrono insieme l'evoluzione e si ritrovano sempre, potremmo ben dire: "Che pizza! Mi tocca rincontrarti ancora, ed ancora, ed ancora !"

Ma come abbiamo visto il gioco è quello di ritrovarsi ogni volta in posizioni totalmente differenti, in scenari diversi, in situazioni nuove, con corpi differenti e ruoli differenti... E se il gioco funziona bene, e ci stiamo muovendo bene... siamo ogni volta migliori, ed ogni volta in grado di aiutarci meglio. Fino al giorno in cui il cosiddetto "corpo spirituale" dell'Umanità - che poi è la nostra parte della rete d'amore - sarà fatto da quelli che erano piccoli snodi della rete, e che ormai, lavorando reciprocamente, sono diventati tanti soli luminosi, capaci di fare insieme cose meravigliose nel cosmo.

domande e risposte

Quelle che seguono sono domande e risposte emerse nel corso di una serie di seminari con un gruppo di amici interessati ai temi spirituali. Non sono certo tutte le possibili domande su temi così complessi come il karma e la reincarnazione, ma esprimono bene alcune delle esigenze di chiarimento e delle perplessità più comuni. E forniscono l'occasione di dare maggiore completezza ai temi trattati finora.

Perché non ci ricordiamo delle vite precedenti? Perché non ci ricordiamo del mondo spirituale ?

Alcune tradizioni, e Rudolf Steiner in particolare, fanno spesso il paragone tra la vita che è una specie di grande giorno e la morte come una grande notte... Noi morendo ci addormentiamo ed entriamo in un altro mondo, per risvegliarci nel mattino di una nuova vita. Una delle differenze è che noi al mattino ci risvegliamo ricordandoci quello che abbiamo fatto il giorno prima... mentre quando nasciamo in una nuova vita non ci ricordiamo della vita precedente.... Per il resto quello che avviene è abbastanza simile: tutto quello che facciamo il giorno prima è la realtà alla quale ci colleghiamo quando ci svegliamo... E se – come dice Archiati [11] – al mattino ci svegliamo con i dolori muscolari, ci chiediamo cosa abbiamo fatto il giorno prima per rendere dolenti i muscoli. Non ci viene in mente di pensare: "Questa mattina mi è venuta una malattia ai muscoli." Non ricordandoci di quello che è successo nelle vite precedenti tendiamo a considerare tutto

---

[11] Vedi il libro "Arrivederci alla prossima vita", di Pietro Archiati, edizioni Il Ternario, 2003.

come racchiuso nell'ambito di questa
esistenza. Ci riesce difficile immaginare che
le cause di quello che ci capita ora possano
risalire ai "grandi giorni" precedenti...

Ci sono diversi terapisti e correnti di vario
tipo che ricercano la guarigione fisica o
psichica attraverso tecniche di regressione al
ricordo di vite precedenti... In genere sotto
ipnosi. C'è chi dice, come Steiner, che se non
sono guidate da un iniziato di alto livello - in
grado di "vedere" e tenere sotto controllo
quello che accade nella dimensione spirituale
- siano piuttosto pericolose per l'equilibrio
psichico. Si possono verificare eventi
incontrollabili se ci spingiamo, con una
coscienza normale, oltre una certa porta
dimensionale mentre siamo in uno stato di
completa passività. E poi, a quanto pare, non
è detto che ciò che sperimentiamo riguardi
proprio le nostre vite precedenti: potrebbe
capitare, visto che dopo morti riviviamo le
esperienze gli uni dentro gli altri, che quello
che ricordiamo attraverso una regressione
appartenga al passato di qualcun altro. In
questo caso, se è emerso un trauma, può darsi
che non sia quello che abbiamo ricevuto da
una certa persona, ma quello che le abbiamo

provocato! Alcuni esoteristi chiamano questo errore frequente *"lo specchio di Mercurio"*.

Non è portando a coscienza un evento di una vita precedente che saniamo il relativo debito karmico, ma agendo nella vita presente con amore ed intelligenza. Quando ci si "presenta il conto" sotto altra forma, quella che il mondo spirituale ha ritenuto la migliore per noi…
Se siamo tutti immersi in uno stato di coscienza nel quale non ci ricordiamo delle vite precedenti questo **non è un fatto casuale.** Non è che al mondo spirituale, che è bravissimo a fare tante cose, gli è *venuta male* proprio la nostra memoria … No: gli è venuta benissimo.. esattamente come la voleva per i suoi disegni… E probabilmente per un motivo molto forte ed importante: il non ricordare, unito al meccanismo del karma, ci aiuta a sviluppare le forze necessarie per la nostra crescita.

Quali forze?

- Una prima forza importante è la **forza di pensiero, la luce della coscienza dentro di noi**. Quella che ci fa conoscere il mondo per sapere cosa c'è da fare: e che determina in noi il fiorire della **saggezza**. Questa forza si sviluppa molto meglio non conoscendo tutto il quadro evolutivo e tutto il nostro passato. Ha maggiori stimoli a crescere nello sforzo di comprendere le tantissime verità di cui non abbiamo coscienza nella vita sulla Terra. Se noi già le sapessimo avendole direttamente sempre "svelate" dal mondo spirituale… se il nostro Angelo ci prestasse sempre la sua coscienza… compresa la visione ed il ricordo di tutte le vite precedenti, le forze di conoscenza e di saggezza "nostre" non le svilupperemmo mai.

- Altra forza importantissima è **la forza d'amore**: se fossimo immersi sempre e in modo evidente nell'amore; se ce lo sentissimo sempre con noi, osservando con chiarezza le cure premurose che ci porta il mondo spirituale e tutto il progetto divino della nostra evoluzione passata, staremmo talmente tranquilli che questo ci impigrirebbe totalmente. L'impulso che sentiamo ora in fondo al cuore, questa voglia di mettere a posto le cose, di eliminare il dolore dal mondo, questa bella spinta interiore a far stare bene noi e gli altri non la proveremmo nello stesso modo... Non cresceremmo mai scoprendo nella nostra vita che stiamo male perché non esercitiamo sufficientemente l'amore. Anche per questo dobbiamo dimenticarci il mondo spirituale e quello che è avvenuto prima della nostra vita.

- Un'altra qualità divina che deve crescere in noi, è "creare".. è la **forza creativa**: voler fare le cose e farle... Tutta la nostra esperienza di vita è la ricerca di come fare le cose al meglio, di come agire, di come creare situazioni o cose.. Se noi sapessimo già sempre per diretta ispirazione spirituale come si fanno le cose e ci rendessimo conto con chiarezza che tanto il mondo spirituale sta lì che le fa tanto bene, che qualcuno le fa comunque... non avremmo la stessa spinta che abbiamo ora a fare, e nel fare a sviluppare le nostre capacità creative.

Tutte le essenziali caratteristiche di uno spirito, di un dio in crescita, se noi ci ricordassimo di tutto quello che è avvenuto nel passato della nostra evoluzione, non le potremmo sviluppare. Non faremmo crescere dentro di noi le forze di amore, di conoscenza e di azione necessarie per farlo. Non potremmo sfruttare pienamente tutte le occasioni che il meccanismo del karma ci mette a disposizione...

Come si fa a riconoscere il senso karmico di quello che ci capita?

Per capire come funziona il karma nella nostra vita occorre avere molta pazienza. Più passano gli anni e meglio possiamo renderci conto di quello che è successo e del senso che ha.

Quando succede un evento, è difficile riuscire a capire, nel momento in cui si verifica, come si inserisce nel quadro generale.

Per esempio, noi fino ad ora abbiamo parlato del karma rispetto al passato.. Ma può anche avvenire che sia in relazione al futuro...

Accade infatti che, prima della nascita, abbiamo programmato nella nostra vita un evento, felice o doloroso, che non ha direttamente a che fare con quello che è successo nel passato, ma che ci mette di fronte ad una sfida che ci serve a fare qualcosa in più per il futuro. Se abbiamo raggiunto un certo traguardo di coscienza, magari siamo pronti a fare un passo in avanti, e allora questo evento può darci la possibilità di farlo.

Sia il karma che la reincarnazione sono un qualcosa del quale noi con i sensi non abbiamo alcuna cognizione. Ci si comincia ad arrivare pensando a ritroso in modo nuovo a come è andata la nostra vita e quella delle persone che conosciamo. E poi, piano piano, cercando di considerare con occhi nuovi quello che siamo, chi ci circonda, i fatti e le persone che ci vengono incontro ogni giorno: cominciando a provare sentimenti di meraviglia, di attesa attenta e intelligente per il piano divino che ci si svolge davanti.

Quando avremo acquisito, negli anni e nelle vite future, un livello di visione spirituale più ampio di quello che abbiamo adesso, cominceremo ad avere una comprensione immediata e diretta di questi meccanismi. Ci verrà consentito di vedere il karma e di sapere tutto quello che è successo prima, solamente quando le nostre forze di pensiero, di amore e di volontà saranno sufficientemente consolidate. E ormai il fatto di sapere esattamente come stanno le cose non potrà più frenare la nostra crescita.

Per il momento è già importantissimo provare a rendersi conto del fatto che il karma esiste e che funziona in un certo modo intelligente e positivo. E cominciare a cercarne le tracce da interpretare intorno a noi. Ma soprattutto scoprire che quello che conta è immettere saggiamente amore nelle nostre relazioni, per illuminare la rete e costruire il nostro buon karma comune del futuro.

Ma era proprio necessario mettere su questo meccanismo del karma? Se eravamo parte di Dio, non potevamo rimanerci ed evitare tutta questa storia piena di sofferenze? Che bisogno c'era?

Forse c'era bisogno perché così ora siamo in grado di farci e di fare questa domanda… e poi possiamo "arrampicarci sugli specchi" per cercare una risposta… Se fossimo ancora indistintamente "parte" di Dio, sarebbe stato Lui a fare questa domanda…. Ma dubito che avrebbe avuto domande da fare… e poi a chi le avrebbe fatte ?

La differenza tra il prima ed il dopo, in questo complesso meccanismo evolutivo dell'Umanità, è che prima c'era solo Dio e tutte le gerarchie angeliche, e dopo, come spiriti indipendenti, *ci siamo anche noi.* C'era un mondo spirituale, e noi non c'eravamo. Con questo meccanismo, prima veniamo creati come scintilla di coscienza e poi cresciuti in modo da diventare capaci noi di fare le cose di Dio.

Questa è una domanda molto diffusa ed importante.. perché non è facile abbracciare una materia dagli orizzonti così vasti, quasi inafferrabili. In poche parole, la differenza tra il prima e il dopo dell'evoluzione è tra non esistere ed esistere.... E poi tra l'esistere prima come creature e dopo come esseri divini, creatori.

Che bisogno c'è dei concetti di karma e reincarnazione?

Diverse persone fanno notare che, per il proprio sviluppo spirituale, non è necessario credere nel meccanismo del karma e della reincarnazione. Perché ci sono comunque altre possibilità per una persona di capire se è sulla strada giusta nella sua vita. Tante persone raggiungono un livello di spiritualità molto alta senza essersi mai poste questo problema.

Questo è senz'altro vero. Ognuno ha un proprio percorso, e non esistono regole precise... Si raggiungono in vari modi dei risultati meravigliosi, e tanti mistici lo hanno fatto.... Perché a certe conclusioni ci sono arrivati col cuore... di impulso. Ma ora, dopo i primi secoli di cammino scientifico e nell'attuale momento vorticoso di accelerazione delle spinte alla crescita dell'Umanità, quello che una volta si accettava per pura fede, per obbedienza cieca, basta sempre di meno. Un numero rapidamente crescente di esseri umani vuole sapere e capire sempre di più del senso della vita. La presa di coscienza sulla reincarnazione e sul karma è ora probabilmente una necessità storica, in grado di aiutare l'umanità nel suo complesso a fare un passo decisivo... A vedere con maggiore coscienza quello che gli sta succedendo e dove sta andando.

Sapere che facciamo parte di un progetto e capire come funziona può aiutare tantissimo a rendersi conto della positività di quello che viviamo e soprattutto di quello che possiamo fare. Il nostro è un futuro nel quale le nostre azioni non verranno più dettate da egoismo o da formule dogmatiche, fideistiche, da "comandamenti"... Ma dalla comprensione, dal convincimento interiore di essere liberi creatori del nostro destino e di quello degli altri intorno a noi.

Il reinserimento del concetto di reincarnazione e karma è fondamentale per il cammino di coscienza dell'Umanità. I mistici sono sempre arrivati allo spirito facendo un bel salto... Ma forse non è questo che si richiede ora agli uomini, che devono sapere passo passo, sempre di più, quello che stanno facendo.

Ma le società orientali che ci hanno sempre creduto sono per questo più avanti di noi?

Molto probabilmente no: hanno fatto un percorso apparentemente diverso, anche se in qualche modo nella sostanza abbastanza simile al nostro. Nell'antichità occidentale, e fino ai primi tempi cristiani, il concetto di reincarnazione c'era.. Poi noi come occidente siamo stati l'avanguardia della materializzazione del pensiero, e una delle prime cose che questa materializzazione ha fatto, anche in ambito religioso, è stato di togliere di mezzo il concetto di reincarnazione. Ma noi possiamo considerarci esseri spirituali divini solo se accettiamo l'idea che siamo nel percorso per diventarlo veramente. E quindi solo se riteniamo di essere un io che attraversa tutta la storia dell'Umanità. Altrimenti siamo solo un pezzo di carne che nasce e muore. Se una cultura vuole solamente considerare il pezzo di carne mortale, non può che respingere nel dimenticatoio questo concetto dell'Io spirituale che attraversa tutta la Storia per evolversi. Può parlare certo di anima, di psiche, di grandi potenzialità del cervello umano ancora da usare, ma non si sente immersa in una atmosfera, in un compito evolutivo che coinvolge ogni momento della vita. E che richiede lo sviluppo di una grande coscienza. Di questa coscienza non c'è bisogno in una visione materialista. E nelle visioni religiose che hanno assorbito il materialismo, i nostri sforzi servono tutt'al più, nel corso di una sola vita, ad iscriverci in una delle liste sulla lavagna della maestra: i buoni o i cattivi, per l'eternità…

Attraverso questa fase "materialista" non ci siamo passati solo noi occidentali, ma in qualche modo anche certe culture orientali. Queste hanno mantenuto i concetti di karma e reincarnazione, ma li hanno in qualche modo "materializzati", bloccandoli nel loro sviluppo a migliaia di anni fa, a prima dell'avvento del Cristo, che ha impresso un senso ed una forza nuova al meccanismo. La materializzazione è avvenuta in quanto gli antichi concetti non sono stati aggiornati con l'inserimento del principio dell'Amore che porta all'evoluzione. Ed allora sono rimaste queste gabbie di caste, di ruote infinite che tornano sempre al punto di partenza, di meccanismi ferrei.... Ora anche in queste culture è in atto da tempo, a livello iniziale come da noi, una trasformazione "cristica" basata sull'accentuazione della esigenza della compassione, o amore.

Quindi due percorsi, ma tutto sommato non molto differenti. Entrambi hanno perso di vista il fatto che sulla Terra l'uomo è in un processo di evoluzione – che significa partire da un punto ed arrivare ad un altro superiore attraverso la forza di un amore illuminato – ed entrambi "per sbloccarsi" hanno ora bisogno di reintrodurre questo elemento fondamentale che spiega e dà senso ad ogni attimo della nostra vita.

Perché tanta gente si spaventa sentendo parlare di reincarnazione e di karma ?

Perché sono realtà che non conosciamo. Sono concetti estranei alla nostra cultura... E se ne parla normalmente in modo superficiale e distorto. Se ci si ferma alle versioni più diffuse è logico avere una opinione negativa. Se reincarnazione significa solamente rinascere continuamente in altri corpi - per ricominciare ogni volta a soffrire chissà dove ed in quale situazione - e karma significa solamente essere puniti per quello che si è fatto... magari rinascendo maiale... o prendendosi una grave malattia o venendo uccisi da chi hai ucciso... preferiamo non sentirne nemmeno parlare! Ma in queste interpretazioni rimane fuori il senso vero, bello, sereno e liberante di queste realtà.

Se il karma ci chiama ad interagire con gli altri, come la mettiamo con gli eremiti?

E' difficile dirlo dall'esterno. Bisognerebbe vedere i singoli casi... e sapere esattamente quello che succede. Se un eremita fosse veramente separato dal mondo, non potrebbe fare alcuna crescita. Anzi, avrebbe sottratto la sua indispensabile presenza alla rete generale.

Avrebbe bloccato il libero fluire della forza d'amore.

Ma dall'esterno non possiamo mai dire che le cose stiano veramente così. Tutto dipende da quale è il livello di interazione con il mondo. Alcuni eremiti stanno magari agendo sulle energie sottili, sulle dimensioni non materiali dell'Umanità, sugli equilibri della Terra, in una delle reti invisibili in cui siamo immersi. Ma noi non lo sappiamo. Naturalmente parlo di determinati casi....

Ci può essere invece il caso di una persona, che ha ancora con una coscienza abbastanza "normale", che decide di andare a rinchiudersi in una cella per fare la propria crescita spirituale. In questo caso avrebbe teoricamente meno possibilità di crescita. Ma può anche darsi che stia creando delle condizioni che poi lo metteranno di fronte alla sfida di un nuovo salto di coscienza. Oppure che stia sviluppando un rapporto molto intenso e fortissimo con gli esseri della Natura che lo circondano, e ne approfondisca il senso…

Ogni percorso è del tutto individuale, ed è difficile giudicare.

Io per esempio posso parlare solamente di me: quando ero ragazzo sentivo un forte impulso a farmi monaco, perché mi piaceva l'idea di un percorso individuale di preghiera, di studio, di meditazione... Poi non l'ho fatto, e se riguardo alla mia vita dico che per me è stato di gran lunga meglio tribolare fuori dalle mura "forse" rassicuranti di un convento... Penso che nessun libro, nessuna preghiera, nessuna meditazione avrebbero potuto darmi le possibilità che mi ha fornito l'essere immerso nella realtà quotidiana.

Ma questo vale per me...

Nelle varie vite sperimentiamo anche differenti razze e religioni ?

A quanto pare sì: almeno tutte le principali razze e religioni... E per esempio tutti prima o poi, secondo Rudolf Steiner, nascono ebrei.. perché nel popolo ebraico c'è un particolare tipo di coscienza...
Noi siamo l'elemento di fusione di due linee, di due correnti: quando nasciamo siamo costituiti dal nostro io, che è un essere spirituale che si incarna portando con sé il livello di coscienza raggiunto nel corso di varie vite ed i proprio "carichi karmici". Ed inoltre da un corpo derivante da una linea ereditaria, da un albero genealogico il cui

DNA è stato elaborato pèer millenni e che presenta quindi caratteristiche specifiche... Perciò, quando siamo sulla Terra, apparteniamo a due specie: alla specie privata ed unica del nostro Io, ed a quella umana, che si suddivide in razze, nazionalità, famiglie... Quello che è interessante è che dalla linea ereditaria non prendiamo solo caratteri fisici, ma anche altri elementi. Che hanno a che fare anche con altre parti di noi, i cosiddetti "corpi sottili": il corpo eterico o vitale e il corpo astrale. Oltre alle caratteristiche fisiche, ereditiamo anche certi modi di pensare, di muoversi, di sentire... certi gusti, certe propensioni, determinati impulsi, alcun antipatie e simpatie... Questi caratteri si mischiano in un cocktail unico con quelli che il nostro spirito porta con sé come risultato della sua evoluzione fino a quel momento. Ogni razza, ogni nazionalità, ogni tribù, ogni famiglia, ha delle caratteristiche proprie, che messe tutte insieme formano quel meraviglioso mosaico di diversità che è l'Umanità. Per questo ci arricchisce passare da una all'altra nelle varie vite.

Una delle caratteristiche dell'antico popolo ebraico, era quella di essere stato predisposto con forze particolari di coscienza perché in esso si cominciasse a realizzare l'idea dell'"Io Sono". Vale a dire un popolo fatto da persone con un livello di individualità già così sviluppato da essere pronte a diventare un libero canale d'amore creativo. Da essere in grado, *volendolo*, di poter accogliere e far vivere in sé l'essere dell'Amore, il Cristo. Quindi un popolo con grandi forze dell'Io, almeno relativamente agli altri popoli di quell'epoca. Nei secoli, alcuni elementi di questa antica predisposizione sono rimasti nel popolo ebraico.

Il nostro io, prima di nascere, sceglie quindi di immergersi di volta in volta in una cultura, in una razza, in una religione ed in una linea familiare ereditaria con determinate caratteristiche. Perché, sostenuto dal mondo spirituale, ritiene che siano le più adatte a sviluppare certe forze e certe caratteristiche. A seconda delle necessità di crescita di una determinata fase evolutiva.

Abbiamo anche ucciso qualcuno?

Di esperienze, nel corso della evoluzione, ce ne sarebbero di tutti i tipi: ognuno di noi si è suicidato o lo farà..., ognuno di noi ha ucciso... Sono delle esperienze immancabili.

Fanno parte della scala da salire.. E' un percorso graduale che non possiamo sfuggire... Se ora noi non uccidiamo più, è perché molto probabilmente abbiamo già vissuto il negativo di questa esperienza sulla nostra carne, nella nostra anima... e forse l'abbiamo superata. Quando vediamo qualcuno che compie le azioni peggiori, invece di condannarlo dovremmo pensare che questo dipende dal suo grado evolutivo e dalle condizioni di vita che sta attraversando. Anche noi ci siamo trovati o ci troveremo nelle stesse condizioni a fare le stesse identiche cose. Siamo tutti fratelli e tutti sulla stessa barca, che segue la stessa rotta...

Esiste un karma familiare ?

Una delle alternanze principali, di vita in vita, è quella che di massima ci vede una volta legati da un rapporto familiare, una volta da un rapporto di scelta... Ci sono due esperienze differenti del nostro modo di interagire: una è "ti scelgo" come amico, o come partner; l'altra è "ti ritrovo come parente". Con le stesse individualità ci troviamo di volta in volta in queste posizioni

differenti. C'è anche un altro fenomeno,
che è quello degli spiriti che percorrono un
lunghissimo periodo sempre in coppia.
Quindi non è facile dire cosa è un karma
familiare, visto che esiste un incrocio di
differenti posizioni ad ogni vita. Bisogna poi
tenere conto dell'importante fattore di cui
abbiamo parlato prima, e cioè del fatto che
noi siamo il frutto di due correnti: quella
individuale e quella ereditaria.
Quanto è influente l'elemento ereditario?
Quanto meno è influente il nostro io, tanto
più è influente l'elemento ereditario. E
viceversa. Che la nostra sia una fase iniziale,
adolescenziale, di crescita della coscienza, si
vede anche da come le famiglie abbiano
difficoltà a tenersi insieme…. Le
individualità sono in piena crescita e
scalpitano: non accettano i legami familiari di
per sé come un fatto sacro o scontato, ma
vogliono sempre di più "scegliere". E allora,
visto che tanti io giustamente si agitano, ma
sono ancora ben lontani dalla maturità, le
famiglie vanno in crisi.
Esiste un karma familiare che segue la linea
ereditaria, nella quale nascendo ci inseriamo
coscientemente e con la quale poi ci
confrontiamo: quando ci inseriamo in una
certa famiglia, la scegliamo anche perché è lì

che si incarnano una parte delle persone con le quali abbiamo una serie di reciproci "conti in sospeso". E quindi entriamo in una famiglia già sapendo che andremo ad *assumerci* dei compiti e a *dare* dei compiti. C'è così un karma familiare, ma c'è anche un karma di gruppo, di nazione, un karma della Terra, e sono tutti modelli, tutte reti di crescita che sono una nell'altra. In effetti queste reti di crescita non sono nient'altro che l'insieme dei karma individuali. Quando con le nostre guide spirituali programmiamo la prossima vita, è in base al nostro karma che decidiamo di inserirci coscientemente nelle dinamiche di una famiglia, di un gruppo, di una nazione, perché è quello che serve a noi e contemporaneamente alle individualità che a noi sono collegate.

Una nostra amica, durante un seminario, ha raccontato questo episodio: "Tempo fa stavo disegnando dei pulcini per la mia nipotina Bianca di quattro anni, e stavo per raccontarle di mia nonna che aveva delle grandissime gabbie piene di pulcini. Io da bambina mettevo le mani in queste gabbie ed i pulcini pigolavano e si agitavano in un modo così particolare, da darmi una piacevolissima sensazione di euforia. Ma, prima che avessi il tempo di raccontarle questa esperienza,

Bianca si è girata verso di me e mi ha detto: "E' inutile che mi racconti questa storia: la conosco... l'ho vista dal cielo... Tua nonna ti metteva davanti alle gabbie dei pulcini... tu mettevi la mano dentro e ti piaceva.""

Quante considerazioni si potrebbero fare su questo delizioso episodio! Bisogna dire che tantissime delle cosiddette "fantasie" dei bambini non sono fantasie per niente... ma siamo noi che spesso non abbiamo gli strumenti per capire... I bambini di quella età hanno ancora dei ricordi nitidi del mondo spirituale, che poi perdono negli anni successivi. Il ricordo di Bianca poteva corrispondere a quella fase di anni e anni, addirittura di generazioni prima della nascita, in cui pare che ognuno di noi segua e studi attentamente la famiglia e la linea ereditaria nella quale dovrà inserirsi. Per capire quale è il modo migliore di entrare a farne parte.

Si può scegliere di morire per aiutare qualcun altro a crescere? Si può decidere di morire per amore degli altri?

Questo probabilmente avviene molto spesso, se non sempre.

Se la nostra vita è programmata nelle sue linee generali, si muore più o meno quando nel mondo spirituale si era previsto di morire, perché quello era il momento migliore.. Ma il momento migliore per chi? Da una prospettiva spirituale, per noi e per gli altri intorno a noi! Ogni morte mette i cari che rimangono di fronte ad un dolore che è di per sé una grande opportunità di crescita. E quindi spesso il giorno della nostra morte "capita" quando è il momento più adatto anche nel percorso di vita dei cari che per il momento lasciamo ancora sulla Terra.

Ecco allora che una morte prematura, programmata insieme al mondo spirituale prima di nascere.. può essere il frutto di un atto d'amore. Di un pensiero come questo: "Ma io di vite ne ho tante a disposizione… Nella prossima accetto e voglio sacrificare una parte delle mie opportunità di crescita per fornire alle persone che amo una occasione in più e più forte di riflessione, di esperienza, di evoluzione…"

Il problema è che con la mentalità materialistica che abbiamo, con i veli che ricoprono a più strati la nostra vista spirituale.. quando riceviamo un dono del genere normalmente non ce ne accorgiamo. Potremmo vivere la consolazione per il

grande atto di amore che ci è stato donato,
ma normalmente per anni riusciamo a trovare
in questa esperienza solo un dolore
inesplicabile... cupo... privo di senso.
Ma anche questa fase può avere un
significato positivo: questi dolori accecanti
sono spesso l'indispensabile fase di passaggio
che distrugge un muro di false certezze, ed in
qualche modo ripulisce l'anima da pesanti
blocchi.
Forse era proprio questo il dono di chi è
morto per noi...[12]

**Perché le esperienze per crescere si fanno
solo sulla Terra e non nel mondo
spirituale?**

Nel mondo spirituale noi non possiamo
rimettere a posto i canali deformati della rete,
perché altrimenti lo faremmo usando una

---

[12] Il tema di una vita "sacrificata" per gli altri, è anche
relativo ai bambini che nascono con un handicap.
Secondo Rudolf Steiner sono degli spiriti che si sono
sacrificati per dare una grande opportunità di crescita
ad altri io - i loro familiari e amici - ai quali erano
legati karmicamente. Poi la lotta contro le sofferenze
costruisce in loro delle forze che nella vita successiva
li rendono "geniali nella capacità di compassione".

capacità di coscienza non totalmente nostra. La crescita si fa solo sulla Terra, e non nel mondo spirituale, perché solo sulla Terra siamo soli con il nostro sforzo "prometeico" di crescere. Nel nostro essere soli, semiaccecati, a confronto con una materia aspra, con avvenimenti apparentemente incomprensibili, con le durezze dei nostri rapporti con gli altri, mettiamo alla prova i muscoli della nostra anima. E' così che crescono le nostre forze: questo il cammino scelto per noi uomini. La crescita della nostra coscienza è negli sforzi che facciamo per uscire dalla cecità e comportarci di conseguenza con una vista nuova. Con una coscienza allargata "in prestito" – come quella che abbiamo tra una vita e l'altra - possiamo riguardare, trarre il frutto, progettare, ma non crescere come esseri.

Quindi la rete ci segue, ma non possiamo agirvi dentro per la nostra crescita tra una vita e l'altra... La possiamo vedere bene - cosa che durante la vita terrena la materia ci impedisce di fare - per decidere cosa fare per gli altri, e quindi anche per noi, quando torneremo sulla Terra.

Che rapporto c'è tra la nostra giustizia e il karma?

Un aspetto bellissimo del karma è che è un meccanismo di giustizia purissimo... E per giunta è un sistema che ci consente di farci sempre giustizia da soli: siamo noi che veniamo messi in condizioni di scegliere, aiutati dal mondo spirituale, il modo di sanare il male che abbiamo fatto. Non sarà un giudice esterno, ma saremo sempre noi, amorevolmente accompagnati, a renderci conto di quello che abbiamo fatto e a ridarci le opportunità migliori per progredire riparando.

Quando ragioniamo normalmente tra noi, e giudichiamo sulla base di quello che vediamo nelle apparenze della vita, ci capita spesso di dire o di pensare, convinti : *"Tu hai torto marcio!"*. Ma quello che sembra giusto alla coscienza ordinaria, magari potrebbe non esserlo nella realtà: troppe cose non sappiamo per poter emettere un giudizio sensato. **La giustizia vera non viene assicurata da noi uomini sulla Terra, ma dal karma, che è la giustizia divina.** La nostra giustizia terrena - accecata da mille veli e distorta da mille deviazioni – ne è solo una pallida e spesso tragica imitazione.

Con il karma, se una volta siamo nati ricchi e poi abbiamo usato male il denaro e disprezzato i poveri, tra una vita e l'altra ci renderemo conto di quello che ci siamo fatti e di quello che abbiamo fatto agli altri, e decideremo magari di rinascere poverissimi. Oppure pensiamo a che enorme carico karmico si sono trovati di fronte i gerarchi nazisti, o Stalin, quando hanno dovuto rivivere le sofferenze di tutte le loro vittime. Nessun tribunale internazionale avrebbe mai potuto comminare loro una pena più severa e costruttiva contemporaneamente.

Ad una visione superficiale, materialista, nel mondo non c'è nessuna giustizia. Invece nella visione spirituale non c'è altro che giustizia ovunque, assicurata dal karma.[13]

---

[13] E' come se noi nella vita terrena vedessimo solo la foto istantanea di un momento, nella quale cogliamo le posizioni di tantissime persone. Quelle posizioni fanno parte di una realtà in evoluzione nella quale, per la crescita di tutti, si stanno creando degli squilibri e se ne stanno sanando altri. Ma noi dalla foto non siamo in grado di capirlo, perché non sappiamo cosa è avvenuto prima e cosa avverrà dopo: pensiamo che quelle posizioni siano il quadro definitivo, e allora vediamo una somma di squilibri che consideriamo ingiustizia. Mentre è una fase della giustizia karmica in movimento. Tutto è di una precisione estrema. Anche

Perché capita di sentire un particolare impulso d'amore per certe persone?

Sì, è una cosa che tutti proviamo. Così come capita di sentire una particolare avversione o antipatia. Molto spesso questi sentimenti spontanei hanno a che vedere con i rapporti passati, con il karma passato.[14]
Finora abbiamo affrontato soprattutto gli aspetti "scomodi", anche se comunque positivi, del karma. Ma ce ne sono anche di decisamente piacevoli, derivanti da rapporti particolarmente buoni, amorosi e disinteressati che abbiamo vissuto nel passato, in altre vite... Costruire un buon rapporto nella vita di adesso significa assicurarsi piacevoli incontri e belle situazioni nella vita futura. Se ritorniamo al nostro schema iniziale, vedremo che ogni

---

quando il riequilibrio richiede tempo, magari da una vita all'altra, quel tempo è il tempo necessario, quello giusto...

[14] Secondo Rudolf Steiner, quando incontriamo una persona con la quale avevamo legami karmici risalenti a vite passate, dentro di noi sorgono sentimenti precisi, positivi o negativi. Con i quali abbiamo a che fare nella nostra interiorità. Quando invece incontriamo persone "nuove", siamo più liberi dai sentimenti "inconsci". Più lucidi ed equilibrati.

rapporto tra due esseri è in un equilibrio naturale che noi possiamo alterare non solo negativamente ma anche positivamente. Farlo positivamente significa far scorrere in quel canale pensieri, sentimenti e azioni pieni di amore. Allora quel canale si illumina, diventa di una "frequenza" superiore.

E questa "frequenza" di luce e di amore la sentiamo subito quando, in una nuova vita, ritroviamo quella certa persona. E posiamo assaporare i frutti delle nostre azioni e del karma passato.

Il futuro della nostra evoluzione positiva è proprio quello di migliorare, di elevare sempre di più la frequenza di tutti i canali ai quali siamo collegati. In termini esoterici si parla di "spiritualizzare" con l'amore e la coscienza tutte queste relazioni, cominciando con quelle che abbiamo vicino, e poi man mano passando ai vari parenti, agli amici, ai conoscenti, agli estranei, a tutta l'Umanità, alla Natura, alla Terra.

Come facciamo a risanare tutti i guasti che abbiamo fatto sulla Terra? E' possibile?

No, probabilmente da soli non ce la faremmo: l'enorme carico karmico farebbe affondare la barchetta ancora esile della nostra anima.

Infatti i danni che noi abbiamo prodotto con le nostre azioni sono permanenti e non si fermano al primo collegamento della rete, ma da questo, come abbiamo visto, si estendono "a macchia d'olio", per reazione a catena, in tutta la rete. Secondo Rudolf Steiner, di questo ultimo problema a un certo punto si è fatto carico l'Essere dell'Amore, il Cristo, che si è assunto direttamente il compito di compensare questo tipo di danni.

Se non fosse intervenuto questo "sostegno", ora non saremmo in grado di farcela. Oberati dalla necessità di sanare una infinità di rapporti di tutti i tipi, non potremmo concentrare le nostre ancora deboli forze di amore in direzione della crescita nostra e delle persone a noi vicine. Non potremmo sostenere il carico di tutte le infinite corde tese che vogliono essere rimesse a posto. Quelle più lontane, quelle che sono difficili da raggiungere per le nostre dirette possibilità di recupero, il Cristo ce le toglie amorevolmente dalle mani, diminuendo il nostro fardello. Entrando nella nostra rete di rapporti, nella nostra dimensione, ha creato un canale diretto, interno, con tutti gli esseri della Terra, attraverso il quale è in grado di compensare tutto. E' lui che, con le forze di una coscienza elevatissima, riporta in equilibrio tutti i canali che noi abbiamo alterato. Se fosse stato a guardarci da fuori, senza questo "sacrificio", una tale compensazione non sarebbe stata possibile. Tantissime, infinite "corde" ha dovuto prenderle in mano Lui, ed ancora continuamente le equilibra, per consentire la nostra evoluzione in modo più libero. Questo è il senso dei termini adoperati da Giovanni Battista riferendosi al Cristo[15]: "Ecco l'Agnello di Dio che toglie il peccato del mondo". Nell'originale greco l'espressione verbale "airon", che viene tradotto con "che toglie", significa in effetti letteralmente "*che prende su di sé*". Il termine "amartìa", che viene normalmente tradotto come "peccato", deriva dal verbo greco "amartano" che significa "*deviare*".[16] Il "peccato del mondo" sono quindi gli effetti a catena provocati dal nostro continuo deviare gli equilibri generali nel mondo. Dal nostro continuo deformare i canali della rete.

Il Cristo *prende su di sé* il peso enorme dei tanti effetti a catena delle nostre azioni, che noi nemmeno immaginiamo...

[15] Vangelo di Giovanni.1,29.
[16] Vangelo di Giovanni, Seminario tenuto da Pietro Archiati, fascicolo primo, edizioni Il Ternario.

Ma come si fa ad essere sicuri di queste cose?

Bella domanda...
Quello che si può dire con certezza è che, per quanto ci riguarda, le conoscenze e le esperienze che sono alla base di questa collana di libri, sono quanto di meglio abbiamo trovato sul nostro cammino. Che comunque è un cammino che continua... Questo modo di pensare e di sentire, che ad un certo punto è entrato nella nostra vita, è quello che soddisfa di più il nostro cuore e la nostra mente. E quello che più di altri suscita dentro di noi la possibilità di azioni positive. Non è un traguardo, ma un percorso basato su un lavoro che coinvolge contemporaneamente il cuore ed i pensieri.

Guardandosi intorno un giorno, può capitare di fermarsi e di pensare: "La realtà è piena di sofferenze, di brutture, di ingiustizie, di paure e di violenze. Ma sento che non è possibile che le cose stiano solamente così come appaiono. Perché nel mio cuore c'è una grande voglia di ciò che è bello, buono, giusto..."

Se vogliamo risolvere questa contraddizione, se vogliamo cercare di sapere come stanno le cose e capire se dietro le apparenze c'è una realtà migliore che ci sfugge, come facciamo? Dove andiamo? A chi ci rivolgiamo?

Una cosa è certa: dobbiamo trovare delle direzioni nuove, perché quelle vecchie ci hanno portato allo stato di confusione e insoddisfazione nel quale siamo ora. Dobbiamo trovare percorsi nuovi e metterci in cammino per provarli.

Quando siamo per strada possiamo fare tanti tipi di incontri: un libro particolare, un amico che sa di queste cose, la frase di un estraneo, una certa esperienza, una strana coincidenza, un seminario, una conferenza… E poi magari cominciamo a voler sapere meglio cosa dicono le grandi tradizioni spirituali, i grandi maestri dell'Umanità.. Cerchiamo delle persone che hanno approfondito questi temi e sentiamo cosa hanno da dire.

E mentre facciamo questo percorso vediamo se quello che abbiamo appreso poi corrisponde alle nostre esperienze, se fa vibrare delle corde dentro di noi…

A questo punto vediamo quello che succede: quali messaggi, quali concetti funzionano e diventano parti della nostra vita e quali no…

Andiamo avanti, di scoperta in scoperta, prendendo e scartando: un lavoro vero e proprio che ognuno può fare solamente da sé. E allora un certo giorno forse potremo dirci: "Mi sembra di aver afferrato un bandolo della matassa: ora comincio a ritrovare, nei pensieri miei e di altre persone e nelle grandi tradizioni spirituali, delle risposte che mi parlano di una nuova realtà, che il mio cuore e la mia mente finalmente riconoscono. Se applico queste conoscenze alla vita, mi spiegano tante cose che prima proprio non capivo. E l'esistenza acquista gradualmente un senso tutto nuovo, e finalmente positivo!" Magari, proseguendo nel cammino, capiremo che il mondo nuovo che abbiamo scoperto corrisponde per molti aspetti a quello che tanti spiriti elevati dell'Umanità hanno vissuto e comunicato. E che prima non afferravamo bene... Ora nelle loro testimonianze troviamo conferme e sempre nuovi spunti per il nostro percorso. Un altro giorno, abbastanza presto... scopriremo una cosa bellissima: se stiamo cercando qualcosa di positivo, se veramente vogliamo capire una certa realtà spirituale... arriva sempre qualcuno o qualcosa che ci dà la risposta che cercavamo...

Il dialogo con il mondo spirituale si è finalmente avviato!
Non siamo soli!!!
Per portarlo avanti, oltre ad acquisire conoscenze spirituali, dobbiamo applicarle cambiando la nostra vita di tutti i giorni, altrimenti tutto quello che abbiamo fatto diventa inutile e velenoso.

Poi naturalmente c'è un altro modo, più diretto, per vedere come stanno le cose... Ma qui bisogna mettersi in cammino e fare tutto quello che è necessario per acquisire i vari gradi della veggenza... Rudolf Steiner ha parlato delle possibilità concrete che ha ogni uomo della nostra epoca di avviarsi su un cammino di visione diretta del mondo spirituale. Ed è stato il primo che ha spiegato esattamente e pubblicamente come si fa passo passo, dicendo che gli uomini di oggi, se vogliono, hanno le potenzialità per farlo. L'intento di Steiner è di spingere quante più persone possibile a intraprendere questa strada di conoscenza diretta. Perché non si può costruire la propria crescita in base alla "fede" nelle parole di qualcun altro, chiunque sia. Una vera Scienza dello Spirito non si può basare solo sui libri... o sulle conferenze...

Tutti gli iniziati che fanno un percorso spirituale analogo, che siano lama tibetani, o sciamani, o maestri indiani, o taoisti, o zen, o spiritualisti cristiani, o iniziati sufi.... quando arrivano a vedere dietro al velo delle apparenze, vedono tutti le stesse cose. Anche se poi vengono riportate con alcune variazioni minori di forma...

Questa strada verso la visione diretta del mondo spirituale è comunque lastricata di molte insidie. Se nell'intraprenderla non si è seguita sufficientemente la direzione alla quale abbiamo accennato prima - quella di *cambiare sé stessi e la propria vita in meglio,* attraverso l'amore ed in base alle conoscenze spirituali - la via della veggenza diretta diviene impossibile o estremamente dannosa.

Perché lo scopo principale della nostra vita non è vedere il mondo spirituale, viaggiare in astrale, leggere le cronache dell'akasha o ricordare le vite precedenti, ma è **diventare migliori amando gli altri**.

Tornando alla domanda iniziale, è vero che quello che emerge da un cammino di ricerca spirituale non sono prove matematiche.... Ma per chi compie quel percorso sono comunque dei fondamenti piuttosto forti, perché non fanno riferimento a realtà esterne, ma si basano su quello che verifichiamo con le nostre esperienze, e su quello che riconosciamo vero dentro di noi con il nostro cuore ed il nostro pensiero...

Su questa strada non abbiamo la necessità di fidarci ciecamente di nessuno. Anzi... *non ci dobbiamo fidare di nessuno se non di noi stessi*, del *dio* in noi. E' in lui che possiamo avere fiducia; è lui che dobbiamo estrarre dalle nostre profondità semiconsce. Se non lo facciamo, nessuno ci potrà mai provare che esiste!

L'esperienza di tutto quello che si può verificare, ci conferma che le cose potrebbero proprio stare così. E per dirlo ci possiamo veramente basare sulla osservazione degli effetti pratici di certe realtà spirituali:

- L'Amore in tutte le sue articolazioni è l'unica forza che muove il mondo positivamente. L'egoismo blocca o crea delle deviazioni in questo processo. Di questo chiunque si può rendere conto nella vita.
- Il pensiero illuminato dalle intuizioni del cuore raggiunge veramente dei risultati migliori.

- Una vita più cosciente e piena di amore è senz'altro migliore di una che non cerca di capire e che trattiene l'amore per sé.

- Un progetto evolutivo della nostra coscienza esiste di certo, perché lo possiamo sperimentare giorno per giorno nei suoi effetti su di noi e sugli altri intorno a noi. Possiamo osservare i cambiamenti, in meglio o in peggio.

- E' chiaro che una vita sola non basterebbe se non a farci fare un pezzettino di strada.

- La cultura materialistica è evidentemente alla base delle nuove e profonde infelicità che affliggono gli uomini.

- Ormai riconosciamo chiaramente negli altri e nella Natura i segni certi di intelligenze e saggezze superiori.

- E riconosciamo in noi dei criteri di giustizia, di verità, di bene e di bellezza, che non vengono dal mondo esterno. Che nel nostro cuore chiedono con forza di essere messi in pratica, nonostante tutto. In base a questi criteri abbiamo tutti diritto ad

una vita giusta, bella, libera, che
evidentemente non è nelle apparenze
che ci circondano. Ad una vita in cui
il dolore e la morte abbiano un senso,
un fine positivo. Abbiamo tutti diritto
a costruirci liberamente un futuro
migliore. Altrimenti perché qualcuno,
nel crearci, ha voluto metterci nel
cuore l'aspirazione al vero, al bello,
al buono, alla giustizia, alla libertà?

Se queste considerazioni, frutto della nostra
osservazione della realtà, diventano parte del
nostro modo di pensare e di sentire
quotidiano, quali saranno gli effetti nella
nostra vita?
Di certo penseremo ed agiremo in modo più
libero e più cosciente di quello usuale.
Sempre di meno ci troveremo a comportarci
come degli automi che non fanno altro che
"reagire" a quello che il mondo ci procura,
senza stare troppo a pensare ai come, ai
perché e a cosa stiamo facendo veramente.
Ma saremo anche più sereni e più lucidi. Più
pronti a cogliere la sfida difficile di
trasformare questi pensieri e questi sentimenti
in azioni positive.

Anche se per ora solo una piccola parte dell'Umanità è coinvolta, in tutto il mondo sempre più sta emergendo un modo nuovo e più libero di ricollegarsi al mondo spirituale. Un modo finalmente cosciente e indipendente, attraverso quelli che sempre di più appaiono come i primi fermenti di una *nuova libera religione universale*. Basata sugli individui che stanno maturando, e non sulle organizzazioni. Come punto di arrivo e di consonanza dei percorsi diversi, ma genuini, di tutti gli uomini.

Non possiamo mai essere sicuri con una sicurezza intellettuale del fatto che abbiamo raggiunto la "verità". Ma si può essere certi, con il cuore e la coscienza insieme, della giustezza del percorso intrapreso... Proprio perché è un cammino libero, nel quale non sposiamo indissolubilmente nessuna idea, tranne che la nostra voglia di capire e di verificare nella vita di tutti i giorni.

La verità esiste, ma ci è preclusa nella sua interezza finché siamo rivestiti di materia, proprio perché così possiamo fare lo sforzo di cercarla... Noi la luce della verità la vediamo in fondo al tunnel dell'evoluzione che stiamo attraversando. L'importante è che continuiamo a camminare nella sua direzione... e la vedremo sempre più vicina, luminosa e chiara man mano che ci avvicineremo. Ma ci libereremo delle ultime tracce di non verità solamente quando saremo veramente fuori dal tunnel...

Tornando al karma, se pensiamo che c'è chi nasce ricco e chi nasce povero, che qualcuno è nato per tre mesi e poi è morto, che una persona vive con un handicap, che un nostro amico è morto nel fiore degli anni, che nostra moglie è gravemente malata e soffre, o che un marito ha abbandonato moglie e figli... Se ragioniamo con i criteri del mondo che ci circonda... cosa ci capiamo? Niente.. siamo solo schiavi del dolore che queste cose senza senso ci provocano...
Se invece nel nostro cammino troviamo qualcosa che ci spiega come quello che succede intorno a noi nel mondo si sposi perfettamente con le nostre esigenze interiori di giustizia, di amore e di libertà, forse abbiamo trovato una chiave che vale la pena di sperimentare.
Certo questi ragionamenti appaiono consolatori... E' vero, possono avere anche questo effetto, ma cosa c'è di male? Il fatto positivo è che se abbiamo trovato la chiave giusta, non solo questa ci "consola", ci

lenisce il dolore, ma ci spinge a **fare** quello che serve per cambiare liberamente e positivamente la nostra vita e quella degli altri intorno a noi.

E questo lo possiamo sperimentare!

COLLANA "IL SOLE E LA COLOMBA"

Dello stesso autore:

La vita ha un senso profondo e positivo

come rendersene conto sulla base delle proprie esperienze e come cominciare a trasformarla con i propri mezzi.

La cosa peggiore è pensare che la nostra vita è priva di senso, in balia del caso. Una realtà che ci tratta come schiavi e ci rende sempre più infelici e depressi. Questo libro segue un cammino che parte semplicemente dall'osservazione di quello che ci circonda e di quello che sentiamo dentro. Passo dopo passo ci rendiamo conto che per capire la nostra realtà dobbiamo trasformare il nostro modo di vedere, dobbiamo imparare una nuova lingua. Solo così potremo poi fare quelle cose nuove, proprio quelle che cambieranno in meglio la nostra vita.

Corpo, Anima, Spirito

come siamo fatti e perché

Il corpo, pensiamo tutti di sapere bene cosa è, ma l'anima e lo spirito.... cosa sono? Esistono? E se esistono, come funzionano? Certo siamo un qualcosa di molto complicato... Ma perché, a cosa ci serve questa complessità, quali sono i rapporti tra le varie parti di cui siamo fatti? Un percorso alla scoperta del senso meraviglioso della nostra natura, fatta per

vivere nel mondo della materia, ma anche dei pensieri e
dei sentimenti, o per volare alto come un angelo.

Il mistero della situazione internazionale

cosa e chi c'è dietro? cosa sta succedendo? perché
va proprio così male? che possiamo fare? una
prospettiva spirituale.

Perché tante guerre, malattie, violenze, fame, povertà? Perché il
Male appare trionfante nel mondo e sembra che il Bene sia ormai
quasi scomparso? Cosa c'è dietro, cosa sta succedendo? Chi guida
veramente i governi, l'economia e la finanza, le grandi
organizzazioni? Il mercato delle anime. Le armate nere e le armate
bianche. La posta in gioco siamo noi. La riscossa del Bene e le
nuove, insidiose trappole piazzate ovunque.
Un'epoca di grandi rischi, ma anche di grandi opportunità
per tutti noi

La Preghiera

Parole e gesti senza senso? Roba da bambini?
Oppure il contrario: la nostra coscienza al suo
livello più alto, all'opera per ricongiungere due
mondi e migliorare quello dove viviamo? Cosa
succede quando preghiamo. Un grande strumento a
nostra disposizione, potente e delicato
contemporaneamente. Proprio per questo bisogna
sapere come usarlo, in quali condizioni, perché…
Mi serve pregare? La discesa nella stanza segreta.
Il significato nascosto delle grandi preghiere
cristiane:

www.ingramcontent.com/pod-product-compliance
Lightning Source LLC
Chambersburg PA
CBHW070759290326
41931CB00011BA/2082

*9 7 8 8 8 8 6 8 6 0 4 2 0 *